复杂产品风险治理激励机制研究

王经略　周国华　白礼彪　著

中国建筑工业出版社

图书在版编目（CIP）数据

复杂产品风险治理激励机制研究/王经略，周国华，白礼彪著.—北京：中国建筑工业出版社，2024.1
ISBN 978-7-112-29493-0

Ⅰ.①复… Ⅱ.①王…②周…③白… Ⅲ.①产品管理—风险管理 Ⅳ.①F273.2

中国国家版本馆CIP数据核字（2023）第248381号

责任编辑：陈夕涛 徐昌强 李 东
责任校对：王 烨

复杂产品风险治理激励机制研究
王经略 周国华 白礼彪 著

*

中国建筑工业出版社出版、发行（北京海淀三里河路9号）
各地新华书店、建筑书店经销
北京雅盈中佳图文设计公司制版
建工社（河北）印刷有限公司印刷

*

开本：787毫米×1092毫米 1/16 印张：9¼ 字数：191千字
2023年12月第一版 2023年12月第一次印刷
定价：58.00元
ISBN 978-7-112-29493-0
（42216）

版权所有 翻印必究
如有内容及印装质量问题，请与本社读者服务中心联系
电话：（010）58337283 QQ：2885381756
（地址：北京海淀三里河路9号中国建筑工业出版社604室 邮政编码：100037）

前　言

党的二十大报告明确指出要建设现代化产业体系，加快建设制造强国、交通强国，实施产业基础再造工程和重大技术装备攻关工程，构建现代化基础设施体系。复杂产品作为国之重器，在制造业、交通运输业等领域都扮演着举足轻重的角色。从社会经济和产业结构角度来看，复杂产品的研制过程会涉及众多企业和数以万计的从业者，对相关产业的发展具有显著的带动作用；从物理结构和功能模块来看，复杂产品通常由多个功能模块构成，每个模块都是能被再次分解的子系统，各模块之间紧密联系、高度耦合且结构复杂。作为一种技术密集型的产品（或生产资料），复杂产品与普通消费产品有很大不同，其资金需求更大、创新需求更高、利益相关者更广、不确定因素更多，风险管理的要求也更高。任何一个环节，或子系统，或零部件发生风险事故，后果将会是毁灭性的。然而，作为风险管理工作中最为活跃和最为关键的因素，"人"总是容易出现"失之毫厘"的情况——人们认为一定会发生的事情实际上只有80%的可能性会发生，认为一定不会发生的事情有20%左右的概率会发生。这种被学术界认定为最一致、最强大、最广泛的认知偏差就是过度自信。在过度自信的影响下，风险管理工作人员通常很难对自身条件和环境因素做出准确评估，他们会认为自己不会出现失误、即便出现失误也不会酿成事故、即使发生事故也不会造成损失。

复杂产品的风险管理过程既需要大胆的创新精神，又需要强烈的风险意识。过度自信会使得风险管理人员更有魄力和创新精神，也会使他们表现得过于冒进、风险意识薄弱。如何设计一套行之有效的激励措施来规范风险管理人员的行为、规避过度自信的负面影响是一个非常重要但在现实中经常被忽略的议题。因此，研究过度自信对复杂产品风险管理激励机制的影响显得尤为必要。

本书从风险治理的角度出发，以复杂产品为研究对象，在分析复杂产品全生命周期组织特征的基础上，提出了覆盖复杂产品生产、设计和研发三阶段的风险治理理论模型。分析过程中纳入了过度自信这一有限理性因素，将其与委托代理模型相结合，建立了复杂产品组织特征和参与人过度自信的委托代理模型，探讨了过度自信对复杂产品风险管理工作的影响。

撰写本书时，我们参考了国内外学者和专家的研究成果，在此对他们表示深深的敬意。同时，在本书的出版过程中，中国建筑工业出版社的编辑也提出了宝贵的修改意见，我们衷心感谢他们的辛勤工作和专业建议。此外，本书得到长安大学中央高校基本科研业务经费项目（项目编号：300102234601）、2024年度陕西省哲学社会科学研究专项青年项目（项目编号：2024QN033）以及陕西省2023年创新能力支撑计划项目（项目编号：2023-CX-RKX-198）资助，谨此一并致谢！

尽管本书经过多次修改，但限于水平有限，书中难免存在疏漏之处。恳请读者能够慷慨指正并给予宝贵的建议，以帮助我们完善本书。感激不尽！

2023年12月

目 录

第1章 绪论 ··· 1
　1.1 研究背景 ·· 1
　1.2 研究目的及意义 ·· 11
　1.3 研究内容 ··· 13
　1.4 研究方法及创新点 ··· 14
　1.5 本书章节安排 ·· 17

第2章 文献综述 ·· 18
　2.1 复杂产品 ··· 18
　2.2 过度自信 ··· 27
　2.3 风险及风险治理 ·· 33
　2.4 合同理论 ··· 36
　2.5 社会网络理论 ·· 39
　2.6 文献评述 ··· 41

第3章 复杂产品风险治理组织结构特征分析 ·································· 42
　3.1 文献研究 ··· 43
　3.2 研究设计 ··· 45
　3.3 案例研究 ··· 46
　3.4 小结 ··· 51

第4章 过度自信对风险治理的双重影响 ·· 52
　4.1 风险治理中人的关键作用 ··· 52
　4.2 过度自信对人类行为影响的二元论 ·· 54

4.3	过度自信对风险治理的影响	58
4.4	过度自信对复杂产品风险治理的影响	59

第5章 复杂产品生产阶段的风险治理激励机制研究 …… 62

5.1	模型假设	63
5.2	模型建立	65
5.3	模型计算和分析	66
5.4	案例分析	76
5.5	小结	79

第6章 复杂产品设计阶段的风险治理激励机制研究 …… 81

6.1	模型假设	83
6.2	完全理性下复杂的风险管理工作委托代理模型	85
6.3	考虑代理人过度自信的复杂产品风险管理工作委托代理模型	88
6.4	数值算例	94
6.5	小结	96

第7章 复杂产品研发阶段的风险治理激励机制研究 …… 98

7.1	模型假设	100
7.2	n家代理公司均完全理性的激励模型	102
7.3	代理公司具有过度自信时的激励模型	109
7.4	小结	113

第8章 结论与展望 …… 115

8.1	主要结论和创新点	115
8.2	研究的不足之处	116
8.3	研究展望	117

参考文献 …… 119

第1章 绪论

1.1 研究背景

1.1.1 风险治理的重要性及当前面临的挑战

1. 何为风险

风险（Risk）包含不确定性也包含不确定性背后可能带来的损失。在《新华词典》中"风险"是"可能发生的危险"。卡普兰和加里克（Kaplan、Garrick）把风险形象地表示为"风险=不确定性+损失"（Risk = uncertainty + damage）[1]。风险是经济活动中不可避免的一部分，因一系列偶然事件和因素而产生，这些事件和因素可能导致不利的结果，影响经济活动目标、利益或期望收益的实现。从商业、金融到工程建设，从健康、医疗到生态环境，风险在各个领域都普遍存在。

风险的本质是不确定性。它表明人们无法确定特定事件或情况的结果，无法预测未来发展的路径[2]。在商业领域，风险通常与经济、市场和竞争环境相关。企业面临的风险包括市场需求变化、供应链中断、竞争加剧、技术进步和法律法规变化等。这些风险可能对企业的盈利能力、市场份额、声誉和长期发展产生重大影响。在金融领域，风险与投资和资本市场相关。投资者面临的风险包括市场波动、利率变化、信用风险和流动性风险等。这些风险可能导致投资损失、资产贬值或流动性危机。在工程领域，建设项目从一开始就面临各种风险。这些风险包括技术风险、供应链风险、时间和成本风险以及安全风险等，导致工程项目延误、超支、质量问题甚至事故发生[3]。在健康和医疗领域，风险与疾病、医疗程序和药物治疗等有关。患者和医务人员面临的风险包括医疗错误、传染病暴发、药物不良反应和患者安全问题等。这些风险对患者的健康、医疗机构的声誉和医疗行业的可信度产生重大影响。在生态环境领域，风险涉及对生态系统、自然资源和人类健康的潜在损害。这些风险包括气候变化、环境污染、自然灾害和生物多样性丧失等。这些风险可能导致生态系统的崩溃、资源的枯竭和生态平衡的破坏。

2. 何为风险治理

风险治理（Risk Governance）和风险管理（Risk Management）是两个相互重叠却相互区别的概念。风险管理是对风险进行识别、评估、控制和监测，从而最大程度地降低对产品的不利影响，涉及采取预防措施、制定应急计划、购买保险、进行投资组合分散等策略。风险治理超越了风险管理，是指如何收集、分析、理解和沟通相关的风险信息，以及管理与决策有关的所有重要的参与者、行为者、规则、惯例、流程和机制的总和[4]。风险治理是指在组织内部建立和实施一套系统化的方法、策略和控制措施，识别、评估、控制和监测风险，以达到组织目标、保护利益并提供可持续发展的过程[5]。与传统的风险管理相比，风险治理更加强调组织内部的综合性、战略性和持续性。风险管理通常侧重于对特定风险的管理和控制，强调在特定领域或过程中的风险识别、评估、应对和监测。而风险治理则更加广泛，涵盖整个组织范围，强调将风险管理纳入组织的战略和决策框架中。风险治理过程中需要注意以下几个关键点：

1）组织目标的明确性和风险关联性

风险治理需要明确组织目标，并将其与风险的识别和评估相结合，确保风险管理活动与组织的战略和运营目标一致，避免盲目应对风险或过度保守。大多数时候，风险治理的目标并不是将风险完全消除，而是将风险降低到能被接受的范围。要把风险完全消除不仅在技术上不可行，在经济上也不合理。因此，风险治理需要明确组织目标，根据组织目标制定合理的风险治理目标。

2）制定系统性的风险管理框架

风险治理的核心理念之一在于构建一个全面且系统化的风险管理框架，包括但不限于风险的识别、评估、控制以及监测等环节。框架的建立不仅涉及具体的政策、程序和指南的制定，更关乎建立一套明确的风险责任分配和监管机制。通过制定系统性的风险管理框架，可以有效确保风险管理的全面性和系统性，更好地掌控风险，减少其对组织运营的潜在影响，从而提高组织的稳健性和可持续发展能力。

3）确保内部控制和合规性

在风险治理中，内部控制和合规性的重要性体现在可以有效降低风险，保障组织稳定运营。内部控制机制可以帮助组织预防和减轻风险的冲击，通过规范流程，保护资产，提高运营效率，以及确保财务报告的准确性。同时，合规性保证了组织的行为符合相关的法规和行业标准，避免罚款、诉讼和声誉损害等非合规行为可能带来的后果。因此，确保内部控制和合规性是风险治理的关键环节，对于组织的长期稳定和成功至关重要。

4）广泛参与和沟通

在风险治理的过程中，应该鼓励组织内部的广泛参与和沟通，包括与利益相关方的交流。这样可以提高对风险的理解和认知，加强风险管理的效果，并加强组织对风险的应对能力。参与度高意味着可以从多个角度全面识别和评估风险，进而提高决策的有效性。良好的沟通能确保风险信息在组织内部准确、及时地传递，使所有相关人员能对风险有清晰的认识并共同参与风险的管理和应对。因此，广泛的参与和有效的沟通能够加强组织的风险防范意识，提高风险治理的全面性和有效性，从而更好地保障组织的稳定和发展。

5）建立监督和评估机制

在风险治理过程中，建立有效的监督和评估机制至关重要。这样的机制有助于检测和纠正可能的风险管理漏洞，保证风险治理策略的实施效果，并提供关于风险管理性能的实时反馈。监督可以确保风险管理策略被恰当地执行，评估机制则有助于识别改进的空间和提升风险管理效率。通过定期的或持续的监督和评估，组织能更好地应对风险的变化和挑战，从而提升对风险的控制力，保护组织的稳定和长期发展。

可见，风险治理与风险管理的区别在于其广度和深度。风险治理更加注重将风险管理纳入组织的战略和决策框架，与组织目标和价值一致，并与组织治理结构配合[6]。风险治理强调整合与协调各部门和利益相关方的风险管理活动，确保风险管理在整个组织中得到有效执行。与之相比，风险管理更加专注于特定风险的识别、评估和控制。它通常关注特定过程、项目或领域中的风险，并采取相应的措施来应对。风险管理可以视为风险治理的一部分，是风险治理的具体实施和操作层面。

3. 当前风险治理面临的挑战

从人的有限理性的角度来看，当前风险治理面临着一系列挑战。人的有限理性决定了人在面对复杂的决策和风险时会受到有限信息、知识、时间和认知能力等因素的限制，难以做出最优决策。从人的角度出发，当前风险治理至少面临以下几个方面的挑战：

1）信息不对称和不完全

在风险治理中，信息的不对称和不完全是一个重要的挑战。风险的识别、评估和控制需要准确的信息，但通常存在信息不对称的情况，即不同利益相关者拥有不同的信息。一些利益相关者可能掌握着更多的信息，而其他人可能没有充分的信息来做出明智的决策。此外，由于信息的不完全，决策者往往难以获取完整的信息，导致对风险的认知和评估存在一定的局限性。例如，在制造业中，供应链的风险管理是一个重要的课题。制造公司需要与多个供应商合作，但每个供应商的风险状况可能存在差异。某些供应商可能没有充分披露其风险情况，这给风险评估和控制带来了困难。

2）个人和集体行为的有限理性

个人在决策过程中常常受到个人偏见、情感因素和有限的认知能力等影响，导致决策者可能对风险的评估和应对措施的选择存在偏差。例如，人们可能更倾向于对熟悉和可见的风险给予过度的关注，而忽视未知和不可见的风险；在过度自信的影响下，人们可能会高估主体的能力、低估客观风险事件发生的概率，导致无法准确评估风险。

3）时间压力和不确定性

在风险治理中，时间压力和不确定性也是一个挑战。决策者往往面临着紧迫的时间限制,需要在有限的时间内做出决策。这样可能导致对风险的评估和控制不够全面和深入,更关注眼前的利益而忽视长远的风险。此外,风险的不确定性也是一个挑战,决策者往往难以准确预测和评估未来的风险。例如,对于一家跨国公司而言,在扩展新市场时面临的政治和法律风险是一个重要的考量因素。然而,由于政治和法律环境的不确定性,决策者很难准确预测这些风险的发展和影响,但是他们又必须要在有限的时间内做出决策,因此面临风险不确定性的挑战。

4)利益相关者的多样性和冲突

风险治理涉及多个利益相关者的利益和期望。不同利益相关者可能对风险的认知和评估存在差异,而且追求的目标有可能并不相同,导致出现利益相关者之间的冲突和协调的挑战,影响风险治理的有效性。在大型复杂建设项目中,通常会涉及政府、业主、设计师、承包商和当地居民等多个利益相关者。不同利益相关者可能对项目的风险和影响有不同的认知和期望。政府可能更关注环境和社会风险,业主可能更关注项目成本和进度,而当地居民可能更关注对当地社区的影响。这种多样性和冲突可能导致难以达成共识和协调,影响风险治理的实施。

可见,从人的有限理性的角度来看,当前风险治理面临着信息不对称和不完全、个人和集体行为的有限理性、时间压力和不确定性,以及利益相关者的多样性和冲突等挑战。这些挑战或多或少都与一种人类普遍存在的有限理性因素相关,即过度自信。过度自信被视为一种认知偏差,它影响着人们如何处理风险和决策。这种现象使人们倾向于高估自己的信息获取和决策能力,而实际情况可能并非如此。过度自信的影响在风险治理中尤为明显,因为会导致人们在评估风险和制定决策时容易陷入误区。

在过度自信的影响下,人们错误地估计他们所获得信息的准确性。他们可能过于自信地相信自己拥有完备的信息,实际上,信息可能存在缺失或不准确之处。这导致了在风险评估中的不准确性,而基于不准确信息制定的决策通常是有缺陷的。此外,过度自信还导致人们误判他们对风险因素的预估。他们可能过于自信地认为他们已经考虑了所有可能的情况,实际上,风险因素的复杂性常常超出他们的预估。这可能导致决策者低估潜在风险,从而做出不当的决策。

因此,深入分析过度自信对风险治理的影响,有助于从不同角度为当前风险治理的挑战提供参考建议。了解过度自信如何塑造人们的决策和评估过程,可以帮助人们采取更准确、全面的方法来应对风险,从而更好地应对当前复杂的风险治理环境。

1.1.2 生命周期视角下复杂产品的风险治理

复杂产品是指研发生产成本高、技术复杂、小批量定制、集成度高的大型产品、系统或基础设施[7]。高铁、大型船舶、人造卫星、核电站等均为复杂产品。作为一种技术密集型的产品(或生产资料),复杂产品与普通消费产品有很大不同。复杂产品的资金需求更大、创新需求更高、利益相关者更广、不确定因素更多,风险治理要求也更高。任何一个企业或组织都不敢在复杂产品的研发、设计、生产阶段掉以轻心,因为任何一个环节,或子系统,或零部件如果发生风险事故,后果将会是毁灭性的。2005年1月14日,土卫六探测器"卡西尼-惠更斯"在预定位置完美着陆之后地面迟迟没有收到仪器传来的数据,导致大量数据丢失,设计者大卫·阿特金森18年的努力功亏一篑,最后调查得知竟是因为地面控制员忘了按启动接收按钮。2011年3月11日,修建了高达7米防波堤的日本福岛第一核电站发生爆炸事故,数十万人被疏散,大量土地和海水遭到核污染,使得日本及周边国家陷入对核泄漏的担忧之中,而造成这场核灾难的海啸竟然高达10米,原以为准备充分的应急管理工作也相继失效。复杂产品的"复杂特性"使其更容易受到各种风险因素的影响,任何一个微小的失误都可能导致工期延误、成本超支、项目失败,甚至导致世界性的灾难[8]。大量关于复杂产品的风险事故不停地告诉人们复杂产品的风险治理工作"失之毫厘,谬以千里"。

复杂产品的风险治理需要从生命周期的角度进行考虑和实施。本书关注复杂产品生命周期的研发、设计和生产三个阶段,每个阶段都存在特定的风险和挑战。

复杂产品研发的风险远高于一般产品的研发风险[9]。不同学者从不同的角度对复杂产品研发阶段的因素进行了识别和分类。从风险治理的角度出发,可以分为公司协同风险、职能部门协同风险、研发团队协同风险[10]。

1)公司协同风险

公司协同风险属于宏观层面的风险,涉及协同各方的发展战略是否相互契合以及激励政策是否足够调动研发人员的积极性和创造力。这种风险在合作公司中可能产生摩擦和冲突,导致战略目标不一致,引发资源浪费和团队合作冲突。为有效应对这种风险,各公司需要积极沟通和协商,确保战略目标的一致性,并制定灵活的激励政策以鼓励研发团队的持续创新。

2)职能部门协同风险

职能部门协同风险属于中观层面上的风险,主要源于参与研发的各个部门是否能够保持实时沟通,并积极参与产品研发和优化工作。如果部门之间缺乏有效的沟通和协作,可能导致信息不畅通、任务重叠或者遗漏,从而影响整个产品开发流程。为了降低这种风险,组织需要建立跨部门合作的机制,鼓励不同部门之间的交流和协作。此外,有效的项目管理和沟通平台也能够促进职能部门之间的协同工作,确保项目顺利进行并达到预期目标。

3)研发团队协同风险

研发团队协同风险是在微观层面上的潜在挑战。这种风险主要来自于参研各方组建的研发团队是否具备足够的协作默契和高效运作的能力。团队成员之间若缺乏紧密的沟通与配合,可能导致项目进度拖延、目标不清晰和质量问题。为应对此风险,必须重视团队的建设与培训,以确保团队成员具备必要的专业知识与协作技能。同时,建立明确的团队目标、有效的沟通渠道和项目管理机制以推动研发团队协同合作,为项目的成功交付提供坚实的基础。

复杂产品的设计风险主要存在于设计方案阶段。设计方案涉及诸多要素,且要素之间的关系十分复杂。同时,设计决策目标难以明确化,不确定性极高。这些因素使得设计阶段对社会经济环境具有重大影响[11]。设计阶段的风险主要包括设计变更风险、可靠性和安全性风险、成本控制风险三个方面。

1)设计变更风险

在面对部件设计日益复杂化和研发并行化的挑战时,即使只有一个或少数部件的设计变更,也可能引发其他依赖部件的潜在设计变更。这种风险会逐渐蔓延至产品各个部件之间,为复杂产品的研发带来巨大的不确定性。可能导致工程进度延误、预算超支以及产品功能无法满足客户需求等严重后果[12]。为有效应对此问题,需加强设计变更管理与跨部门协调,确保全面评估和控制设计变更的影响。同时,建立高效的沟通与协作机制,加强团队间信息共享和协同工作,减少设计变更风险的传播,提高产品研发的可预测性和成功性。在这个竞争激烈的市场中,如何处理设计变更风险将直接关系到企业的发展和竞争优势。

2)可靠性和安全性风险

设计阶段需要考虑产品的可靠性和安全性。可靠性风险是指产品设计中存在的潜在故障、失效或寿命问题,可能导致产品在使用中无法达到预期的性能水平。安全性风险涉及设计中可能存在的安全隐患或风险,如材料选择、结构强度、电气系统等方面。

3)成本控制风险

设计阶段是控制复杂产品研发成本最为关键的阶段之一。成本控制风险涉及设计决策对产品成本和资源需求可能产生的影响。设计中的冗余、复杂性或不必要的部件可能导致制造成本的急剧增加。因此,在设计过程中需要注重精简与优化,避免不必要的复杂性和资源浪费,确保产品的制造成本控制在可接受范围内。优化设计决策,减少不必要的成本,是提高产品竞争力、降低市场风险的重要措施。通过谨慎而精确的设计,企业可以实现研发成本的最优化,为产品的成功研发与市场推广奠定坚实的基础。

生产阶段的风险包括生产质量风险、供应链风险、生产效率风险三个方面。

1)生产质量风险

这种风险可能源自多个环节,比如原材料的质量问题、生产过程中的技术故障、操作员的人为错误,以及质量控制流程的缺陷等。对于复杂产品而言,一个极其微小的质量问题都可能对最终产品的性能和可靠性产生重大影响,进而影响用户体验和产品的市场竞争力。更严重的是,生产质量问题可能引发产品安全问题,导致产品召回,甚至对企业的信誉和财务状况造成重大损害。因此,对生产质量风险的有效管理,包括严格的质量控制流程、持续的质量改进活动和全员的质量意识培养,对于保证复杂产品的成功生产和企业的长期成功至关重要。

2)供应链风险

在复杂产品的生产阶段,供应链风险种类繁多,涵盖众多环节,且每一环节的风险都可能对整体产生重大影响。供应中断风险源于供应商的财务问题、生产能力不足或自然灾害等方面,从而导致原材料或关键部件的短缺,进而影响整个生产流程。质量问题则由供应商的不良生产实践或不合规行为引发,不仅能导致产品质量下降,还能引发法律问题,伤害企业声誉。成本波动风险主要源于市场条件变化,例如原材料价格波动、人力成本上升或汇率变动等,能影响生产成本并对企业的利润率造成影响。此外,交货延迟风险由供应链中的多个环节出现问题而引发,如物流延误、生产过程中的技术问题、劳工问题或突发事件等。订单延迟交付将影响客户满意度和企业的信誉。

3)生产效率风险

生产效率直接影响产品的质量、成本和交货时间。生产效率风险源于多个环节,包括生产线调度不合理、工艺流程不完善、员工技能和知识不足,以及设备维护和更新问题等。例如,不合理的生产线调度或者生产流程中存在的瓶颈可能导致生产速度下降,降低整体生产效率。低效的生产过程不仅会导致生产周期延长,增加生产成本,而且可能导致订单交货延误,影响客户满意度,进而损害企业声誉。因此,对生产效率风险的有效管理和控制包括优化生产流程、提供必要的员工培训、定期进行设备维护和更新等策略,对于保证复杂产品的顺利生产和保持企业的市场竞争力至关重要。

与普通消费品相比,复杂产品的风险事故有较大概率演化成灾难,但机会与威胁往往如硬币的两面[13]。若风险因素未能得到妥善处理以至演化成风险事故,风险就是威胁、灾难、失败的代名词;若风险因素被妥善处理,风险就是技术创新或管理创新的原动力。复杂产品的风险因素往往具有复杂性、系统性的特点。在风险因素的处理过程中,不仅需要灵活运用现有的技术和知识,还需要在现有知识的基础上进行创新。这对提升复杂产品的研制水平,进而提升我国制造业的技术能力至关重要。我国京哈、南广、兰新、西成等高速铁路的建设就是在全国运用京沪高速铁路建设经验的过程中,克服各种独特、复杂、系统性的风险因素,逐步丰富并完善我国高铁线路的建设技术。

复杂产品的风险治理不仅是项目建设、运营的坚强护盾,也是技术水平不断取得进步的试验田。在复杂产品的研制过程中,风险治理工作不再是束之高阁的管理方案,而是切实落地的行动指南。从大量的复杂产品安全事故调查报告中可以看出,切实落地并不容易：或者是安全生产管理机制不健全，或者是安全技术措施存在严重漏洞，或者是管理层安全生产意识薄弱[14]。无论何种原因，归根结底人的因素占主要方面。以京沪高铁建设过程为例，周国华等人就指出监理执行力应作为京沪高铁建设过程中的关键风险因素被重点监控[15]。道夫（Dov Z）的研究也证实一线人员的不安全行为是导致大多数工程事故的主要原因[16]。"人"这一生产活动中最为活跃的因素往往是风险管理中"关键中的关键"。要把风险挑战转化为机遇，需要对"人"这一因素进行深入的分析了解，因地制宜地设计与之相匹配的管理方法。

1.1.3 问题提出

本书聚焦复杂产品研制过程中的研发、设计和生产阶段。在研发阶段，需识别出可能遭遇的风险因素，由相关专家对风险因素进行分析并将其解构为多个研究课题，由不同研发单位进行技术攻关。设计阶段的风险治理包括两个方面：一是根据具体的风险管理需求设计相应的要件应对风险，二是把研发单位的技术成果融入设计工作中应对风险。生产阶段的风险管理工作则是根据设计单位提供的图纸进行生产，把各种风险管理的设计在生产过程实现，并控制各种衍生风险因素。

工作内容的不同使得各阶段的组织结构存在显著差异，组织结构的复杂程度随着生产、设计、研发阶段的逐渐深入而逐步增加。在生产阶段，供应商根据设计单位提供的设计图纸进行复杂产品各零部件的生产制造，供应商之间合作关系较少，并分别与主制造商形成委托代理关系，如图1-1（a）所示。在设计阶段，负责各子系统设计工作的设计公司不仅与主制造商之间存在委托代理关系，设计公司之间往往还存在两两合作的关系，如图1-1（b）所示。在研发阶段，参研单位不仅与主制造商之间存在委托代理关系，相互之间也存在多边合作关系，错综复杂的合作关系使得参研单位之间的关系网络化，如图1-1（c）所示。

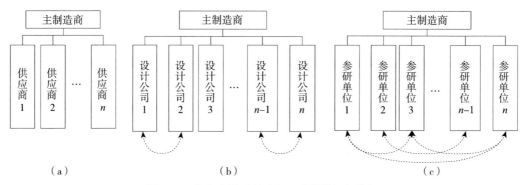

图1-1 复杂产品研制过程三阶段的组织特征
（a）生产阶段；（b）设计阶段；（c）研发阶段

组织特征的差异使得激励机制的设计工作也存在较大不同。在生产阶段，由于供应商之间并不存在合作关系，供应商的过度自信只会对自身的行为产生影响，主制造商根据供应商的过度自信水平对激励机制做出相应的调整。在设计层面，设计公司的过度自信随着彼此合作而相互影响，设计公司的主体地位也深刻影响其最优决策和行为规律，此时主制造商在根据设计公司的过度自信对激励机制进行调整时不能仅考虑激励机制的调整对某一家设计公司行为的影响，还需要考虑调整方案对合作的设计公司最优决策和行为规律的影响。在研发阶段，由于参研单位之间存在网络化的合作关系，企业的过度自信在合作网络中传播，主制造商在对激励机制做出调整时应该更系统地考虑调整方案对整个网络造成的影响。

激励机制作为风险治理中最主要的抓手也成为主制造商在研发、生产、设计各阶段需要重点考虑的因素。目前复杂产品主制造商在设计激励机制时并未考虑代理公司（包括参研单位、设计公司和供应商）过度自信这一有限理性因素。这与现实情况存在一定差距，使得主制造商难以有效激励代理公司开展风险管理工作、约束代理公司日常风险行为，风险事故时有发生。因此，有必要对现有复杂产品研制过程中的激励机制进行调整，考虑过度自信对代理公司行为决策的影响。基于此，本书从以下五个方面展开研究，以期为复杂产品风险治理激励机制设计提供有价值的参考建议。

1. 复杂产品研制过程中组织结构特征分析

研制成本高、涉及知识领域广、利益相关者众多……复杂产品具有很多与普通消费品不同的特征。这些特征影响着复杂产品在研发、设计、生产阶段的组织结构，进而影响着复杂产品在各阶段的风险治理效果。现有文献多针对复杂产品某一方面（如创新、技术研发等）进行风险因素的识别和分析，但较少从组织结构和激励机制的角度对其风险治理工作进行分析。处于复杂产品研制一线的工作人员虽然在脑海中记住了大量与风险治理相关的案例，但大多是以故事的形式存在，很少形成理论。因此，本书研究的第一个问题就是结合现实案例分析复杂产品在研发、设计、生产阶段的组织结构特征，从生命周期的角度探索各阶段组织结构之间的耦合关系，进而提出风险治理的理论模型。

2. 过度自信在复杂产品风险管理工作中的表现形式分析

如前述，复杂产品研制过程中的过度自信扮演着重要角色。个体或团队对自身能力、决策或计划过于自信，容易忽视或低估潜在风险或挑战。这种心理特质可能导致决策者忽略关键的风险因素，错误地理解复杂性和不确定性。既有研究表明，过度自信还会影响代理人风险管理者在信息收集和处理方面的态度。他们可能更倾向于选择性地收集信息，偏好支持自身观点的信息，忽略可能挑战其立场的信息。因此，了解过度自信对复杂产品风险治理工作的影响对于提高决策质量和风险管理的有效性至关重要。需要警惕过度自信可能带来的偏见和漏洞，并通过培养理性客观的态度，提升代理人风险管理者的决策能力和风险应对水平。为分析过度自信对复杂产品风险治理工作的影响，笔者结合前期研究工作，从过度自信对主体行为影响的二元论出发，结合现有文献，系统分析过度自信对复杂产品研制过程中的代理人风险管理者行为的影响。

3. 过度自信对复杂产品生产阶段风险治理激励机制的影响机理分析

复杂产品生产阶段的工作通常按照设计公司提供的设计图纸和作业要求按部就班进行。相较于研发和设计阶段，生产阶段的工作通常不需要过于复杂的技术和深奥的知识。一个工点上往往只需要一个作业人员按照规定的步骤和要求完成相应的工作即可。然而，即便在看似简单的生产阶段，过度自信也可能对作业人员的行为产生影响。当作业人员过度自信时，他们可能倾向于高估自己的能力和经验，进而忽视一些潜在的风险因素，导致他们在操作中不够谨慎，忽略某些细节，甚至违反安全规定，从而增加发生意外的风险。在这种情况下，过度自信会对作业人员的行为造成何种影响，主制造商应该如何调整激励机制以引导供应商确保一线作业人员保持谨慎态度，保证生产过程的安全与稳定？这是本书要研究的第三个问题。

4. 过度自信对复杂产品设计阶段风险治理激励机制的影响机理分析

复杂产品设计阶段的工作涉及多方面的任务。首先，需要将研发单位的研究成果消化吸收，并将其融入设计工作中。这要求设计团队具备一定的技术要求和专业知识，能够理解和应用复杂的科学研究成果。其次，设计工作必须根据实际情况进行风险应对的设计，考虑到可能的风险因素，并采取相应的措施进行预防和应对。然而，这个阶段的工作常常面临许多不确定性，因为设计过程中可能涉及许多未知的变量和风险因素，需要不断地调整和优化方案。在复杂产品设计阶段，设计单位之间通常存在着两两合作的关系。这意味着一项设计成果往往需要其他设计单位的审核和协助，以确保其能有效应对风险因素。然而，若某个设计单位如果对自己的设计方案过于自信，忽视其他设计单位的建议和反馈，会导致整个设计过程中出现盲点，增加风险的发生概率。面对设计公司的过度自信，主制造商需要对相应的激励机制进行有针对性的调整。过度自信会给设计人员及其合作公司的行为决策带来哪些影响，主制造商应该如何调整相应的激励机制？这是本书要研究的第四个问题。

5. 过度自信对复杂产品研发阶段风险治理激励机制的影响探析

在复杂产品的研发阶段，参研单位需要根据客户的需求，提供新技术、新材料、新工艺甚至新设备，这些工作对知识技术有较高的专业性和特异性要求。因此，涉及的知识技能常常超出一家研发单位的掌握范围，需要多家单位协同才能完成，从而形成了一种复杂的合作网络。在这种合作网络中，每个参研单位都可能对自己的技术和贡献产生过度自信，导致合作中出现信息不对称、合作意愿不均衡等问题，进而增加研发阶段的风险。当参研单位过度自信时，他们往往会高估自身的专业能力和判断力，忽视对风险的适当评估与管控，导致在决策过程中忽略一些潜在的风险因素，以致未能全面地应对可能出现的问题。过度自信也可能导致风险管理者更加追求创新和突破，将过多精力放在技术突破上，从而忽略风险的全面评估与管理，最终增加研制过程中的潜在风险。在这样复杂的研制网络中，过度自信的影响可能进一步放大，由于涉及多个单位的合作与协同，风险管理者的过度自信可能会对整个研制网络的稳定性和安全性产生影响。面对参研单位的过度自信，主制造商需要对相应的激励机制进行有针对性的调整。过度自信对参研单位的行为决策会带来哪些影响，这些影响与网络结构之间又存在哪些联动效应，主制造商应该如何调整相应的激励机制？这是本书要研究的第五个问题。

1.2 研究目的及意义

1.2.1 研究目的

随着过度自信对人们行为的影响越来越受到重视，过去基于完全理性的风险管理委托合同可能并不能完全适用当下的实际情况，有必要在考虑过度自信的情况下，对合同进行调整。本研究的目的就是探索、分析过度自信对复杂产品研发、设计、生产人员行为决策以及主制造商激励机制的影响。

1.2.2 研究意义

1. 现实意义

1）提出了复杂产品风险治理模型，为复杂产品风险治理组织结构的设计、管理制度的制定提供了参考

以往关于复杂产品风险管理方面的研究更侧重于技术方面——或是提供一种新的评估算法，或是提供一种新的监控手段，在风险治理方面的并不多。很多从事复杂产品风险管理工作的工程师虽然在脑海里存储了大量风险治理的经验，但这些经验往往是碎片化的，多以故事的形式口口相传。本研究在对这些故事进行分析的基础上提出了包含三层级的复杂产品风险治理模型，从跨组织合作的角度分析了每一层级风险管理工作的特点，指出了相应的管理措施，相信能够为复杂产品的风险治理工作提供一定的参考建议。

2）在复杂产品风险治理中考虑过度自信对风险管理人员行为的影响，为复杂产品风险治理提供了新视角

过度自信是一种普遍存在的认知偏差。这种认知偏差对复杂产品风险管理工作的影响有好有坏。一方面，过度自信能够增强风险管理人员的主观能动性。由于在复杂产品的研制过程中通常会遇到特别复杂的风险因素，难以控制，后果严重，往往使人们知难

而退。在过度自信的影响下，风险管理人员会高估自己的能力水平，直接影响是让风险管理人员敢于承担、知难而上，风险管理人员的主观能动性大大提升。另一方面，过度自信的影响使得参与研发的人员会低估风险发生的可能性以及风险后果的严重性，偶发性的风险意识薄弱会导致研发过程中失误的产生。无论是"卡西尼－惠更斯"事件还是切尔诺贝利核电站事故都说明对于复杂产品而言，低估风险就是灾难的开始。过度自信带来的对风险事件发生概率的低估无疑是一个严重的风险隐患。由此可见，在复杂产品的风险管理工作中，过度自信就是一把双刃剑，管理得当，可以促进风险管理人员的创新精神；管理不当，可能会导致风险事故的发生。本书通过分析复杂产品风险管理过程中过度自信对风险管理人员行为的影响，探索如何通过调整激励机制促进（或者抑制）风险管理人员的过度自信，以降低其对复杂产品风险治理的影响，为管理者驾驭过度自信这把双刃剑提供管理建议。

3）考虑过度自信对风险管理人员行为的影响，对复杂产品风险管理工作中的合作行为进行分析，为复杂产品风险管理工作中的跨组织合作提供管理建议

在复杂产品的风险管理工作中，风险管理人员之间相互合作是经常会出现的情况。过度自信不仅会对管理人员自身的行为造成影响，同时也会对其他合作者的行为造成影响。在复杂产品的风险管理工作中，这种影响是不容忽视的。本书通过对合作中的行为进行分析，探索过度自信对跨组织合作行为的影响，从微观角度分析参与风险管理的企业在主体地位发生变化时，其努力水平会做出何种调整，以及过度自信对这种调整的影响，为主制造商做好风险管理人员的激励工作提供管理建议，同时也为作为管理者的主制造商在选择合适的风险管理机构时提出建议。此外，通过把模型拓展到网络结构上，本书试图在与之前关于社交网络的博弈模型进行对比分析的基础上，探讨激励机制在复杂产品风险管理工作中的宏观作用，以及企业所处的网络位置、风险管理人员的过度自信对网络中风险管理企业行为的影响，从更为宏观的角度为复杂产品的风险管理工作提供管理建议。

2. 理论意义

1）建立了反映复杂产品风险管理特点的理论模型，为复杂产品风险管理的理论分析提供新的工具

本研究理论模型的建立来源于两个方面：其一是项目风险管理中关于风险度的描述——风险度是风险发生概率和风险造成损失的乘积，是一个描述风险重要性、危害性的重要指标；其二是中国高速铁路建设过程中的主要运作模式——业主单位委托第三方公司进行技术研发，再把研发成果运用于设计、建设的各个阶段。

2）提出了风险管理工作中过度自信的双重效应

以往对于过度自信的理解分两种类型：一种认为过度自信对人们行为的影响是单

一性的，人们在过度自信的影响下，要么高估自己的能力，要么低估外界环境的不确定性。另外一种认为这两种都存在，但是二者之间存在某种线性关系——越是高估自己的能力，就越容易低估外界环境的不确定性。本研究通过梳理大量文献提出，过度自信的这两种效应是同时存在的，但并没有证据证明这两种效应之间存在联系。

3）对现有的社会网络模型进行了改进，丰富了网络博弈的研究方法和内涵

为更好地描述复杂产品风险管理过程，本研究从以往大量采用的二人博弈模型推广到 n 人形成的网络结构的博弈模型。模型在借鉴巴莱斯特（Ballester）等人对社会网络研究工作的基础上进行了针对性改进，凸显了复杂产品风险管理过程中相互作用的目的性强的特点[17]，并指出与巴莱斯特（Ballester）、泽诺（Zenou）等人的研究结论不同的是，各主体之间相互影响的衰减系数与委托人的激励系数有密切的关系。

1.3 研究内容

本书包括五个研究内容：复杂产品研制过程中组织结构特征分析、风险管理中过度自信表现形式分析、过度自信对供应商风险管理行为决策的双重影响、过度自信对设计公司风险管理行为决策的影响以及过度自信对参研单位行为决策的影响，如图 1-2 所示。

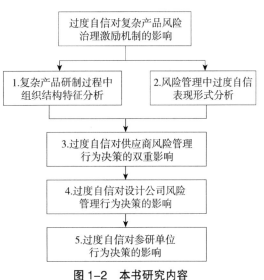

图 1-2 本书研究内容

1. 复杂产品研制过程中组织结构特征分析

在现有关于复杂产品风险管理文献的基础上，通过对兰新高铁建设过程中大风天气风险因素的管理过程进行案例分析，把复杂产品风险管理工作分为生产、设计、研发三个阶段，并对每个阶段的工作内容和组织结构特征进行分析。

2. 风险管理中过度自信表现形式分析

利用 Citespace 对 2014 篇发表在 WoS（Web of Science，科学网）上经济管理领域的关于过度自信的学术论文展开分析，并对其中 68 篇关于过度自信的高被引文章进行研读，结合风险管理工作的特点，从过度自信产生的原因将过度自信的表现形式分为两类：一类表现为风险管理工作者对自己的知识水平、能力大小、工作表现等方面的高估；另一类表现为对外界环境的波动性、不确定性的低估。本部分的研究内容与第一部

分的研究内容一起形成了本书的理论框架，为后续分析研究的开展奠定了基础。

3. 过度自信对供应商风险管理行为决策的双重影响

把过度自信的表现形式定义为高估主体效应和低估客体效应两种。采用委托代理模型，通过敏感性分析、均衡性分析等方法探讨了在复杂产品风险管理工作中过度自信两种效应对委托公司最优分配系数、代理公司最优努力水平、委托代理双方收益的影响。在该部分的研究中，主制造商（委托人）与风险管理人员（代理人）之间是一对一的委托代理关系。模型的建立不仅考虑了复杂产品生产阶段工作内容和组织结构的特点，也结合了第二部分提出的过度自信的两种表现形式。

4. 过度自信对设计公司风险管理行为决策的影响

以风险管理工作中设计层面的工作为研究对象，结合其工作特点建立多代理人的风险管理委托代理模型，探讨主体地位发生变化时，过度自信对复杂产品复杂风险管理工作合作行为的影响。本部分的研究回答了以下两个问题：1）代理公司的主体地位对复杂产品风险治理激励机制影响机理是什么？2）代理公司过度自信会对上述影响机理造成何种影响？

5. 过度自信对参研单位行为决策的影响

以风险管理工作研发层面的工作为研究对象。根据第一部分的研究可知，研发层面的组织结构通常呈现网络化的特点。因此，该部分通过把网络科学中Katz-Bonacich网络中心性的概念引入委托代理模型，分析了过度自信对参与特别复杂的风险管理工作的组织工作努力水平的影响及其影响机理。具体而言，该部分解决了以下三个问题：1）置于网络中的参与复杂产品风险管理的企业（或研究机构），相互之间对各自努力水平的影响机理是什么？2）企业（或研究机构）在网络中所处的位置是否会对其努力水平造成影响？影响机理是什么？3）过度自信如何影响企业（或研究机构）之间的网络关系及努力水平？

1.4 研究方法及创新点

1.4.1 研究方法

本书采用实证研究与理论研究相结合的方法。首先从新闻、报纸、博客以及书籍等上面搜集相关信息，了解复杂产品风险管理的特点，同时通过文献阅读掌握复杂产品及其风险管理的相关理论。在此基础上形成问题集，对西南交通大学、京沪高速铁路、拉日铁路、兰新铁路等单位或项目进行实地调研，获取复杂产品研制生产过程中风险管理的第一手资料，明确研究问题，确定研究框架，选择适合的研究方法。本书主要涉及的研究方法包括文献分析、博弈论、案例分析和社会网络分析。

1. 文献分析

首先，本书对国内外有关复杂产品及其风险管理的相关文献进行梳理和分析，为后续研究的展开提供坚实可靠的理论基础。其次，本书运用 Citespace 软件对文献进行调查。Citespace 是用来分析和可视共引网络的 Java 应用程序[18]，主要是用来帮助分析知识领域中的新趋势，它使用户可以将某个领域进行瞬时"抓拍"，然后将这些抓拍的图片连接起来[19]。由于兼容多种数据库的格式，Citespace 被广泛用于各类领域。借助该软件，得以深入了解过度自信的定义、测量方式、适用情景、模型建立，并对相关的研究成果和结论进行综述和分析，进而提出本研究的相关研究假设，建立理论模型。

2. 博弈论

当需要分析多个相互影响的行为主体在制定决策时的均衡问题时，博弈论是常用的方法。复杂产品研制过程通常会涉及多个组织。这些组织之间相互合作，某一个组织的决策往往会对其他组织造成较大的影响。因此在复杂产品的研究领域随处可见采用博弈论进行研究的文章[20]。本书研究的是复杂产品风险治理过程中的激励机制问题，其本质是主制造商与其聘用的风险管理者之间的博弈，因此，本书主体部分的研究采用博弈论，建立博弈模型，结合行为科学理论、社会网络理论等方法来分析。

3. 案例分析

案例研究方法是管理学研究的基本方法之一，是一种运用历史数据、档案材料、访谈、观察等方法收集数据，并运用可靠技术对一个现象或事件进行探索、描述或揭示，从而得出带有普遍性结论的研究方法[21]。适用于对现象的理解、寻找新的概念和思路，以及创建新的理论等。案例研究一般分为单案例研究和多案例研究。本研究采用的是单案例研究方法，其目的是让核心部分的研究结果能联系生产实践，通过对复杂产品生产实践中风险治理的经验进行分析总结，一方面从不同角度验证本书的研究结论，另一方面从管理实践的角度提出行之有效的管理建议。

4. 社会网络分析

社会网络分析主要用来分析在多主体情况下主体之间的相互影响及其影响机理。研发层面的复杂产品风险治理工作存在多主体密切合作的情况，过度自信的存在也使得不同的研究人员之间的影响充满不确定性，因此有必要对不同主体之间的相互作用进行深入分析。

本书的技术路线如图 1-3 所示。

1.4.2 创新点

本研究以复杂产品的风险治理工作为研究对象、分析了过度自信对于风险治理激励机制的影响。在分析资料、检索文献后，总结出复杂产品风险管理工作特点，梳理主制

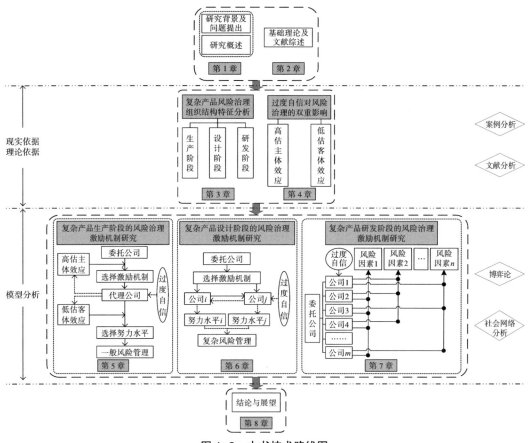

图 1-3 本书技术路线图

造商与代理公司之间的契约关系,分析过度自信对这种契约关系的影响,并提出相应的管理建议。本研究的创新性主要表现在以下几个方面:

1. 提出覆盖三个阶段的复杂产品风险治理理论模型

通过对调研搜集到的资料进行分析,本书发现并提出了包含生产、设计、研发三个阶段的风险治理模型。生产阶段的工作通常不存在跨组织合作,供应商与主制造商之间主要为一对一的委托代理关系;设计阶段存在一定的跨组织合作,设计公司之间多以两两合作的形式呈现,设计公司与主制造商之间主要为一对二的委托代理关系;研发阶段的工作跨组织合作非常普遍,参研单位之间存在多边合作关系,相互之间的合作形成复杂的网络结构,风险管理公司与主制造商之间多为一对多的委托代理关系。三个阶段之间互相联动,与风险因素相关的信息流在三个层面循环往复,每个层面均根据自己的工作内容提出相应的解决办法,逐渐完善形成最终的风险治理理论模型。

2. 提出过度自信对风险管理者影响的二元论

在以往的研究中,对于过度自信的分析主要为一元论,即认为过度自信对人们的影响要么是使其高估自己的能力水平、知识储备水平、所掌握信息的准确性，要么是低估外界环境的不确定性和危害性。即便有一些理论研究的文章在模型构件中同时反映了这两种影响，但通常是用一个参数来模拟这两种影响。后者的处理方式暗含这两种影响之间存在某种线性关系，然而目前并没有研究证明两种影响之间存在相关性。通过对现有关于过度自信文献的梳理，本书提出了过度自信对风险管理者影响的二元论：过度自信对风险管理者行为的影响既存在高估主体效应，也存在低估客体效应，且二者并无相关性。

3. 结合风险评估理论构建复杂产品风险治理的委托代理模型

在传统委托代理模型的基础之上，本书以兰新高铁建设为参考，充分考虑复杂产品生产过程中的风险治理工作，其主要目的是把风险降低至可接受范围之内，而不是彻底消除风险因素的特点，建立风险治理的委托代理模型，探讨从事风险治理工作的代理公司过度自信特性对风险管理激励机制的影响。

4. 对现有的社会网络博弈模型进行改进

现有关于社会网络的博弈模型大多是基于巴莱斯特（Ballester）等人[17]提出的模型，但该模型更侧重于社会网络中个体行为对于其他人的影响，这种影响是被动的、消极的。在复杂产品风险治理的网络中，各代理公司不仅要完成自己的工作，还需要参与其他公司的工作。公司之间的相互作用是主动的、积极的，相互之间的影响更强烈。本书基于这一特点对巴莱斯特（Ballester）的模型进行了改进，突出了参与风险管理的主体之间的相互作用，分析指出主体因素、环境因素和结构因素是决定复杂产品风险管理网络的重要因素。此外，现有的关于社会网络的博弈模型较少考虑网络中行为主体的有限理性因素对决策过程的影响，而本书在社会网络博弈模型中考虑了过度自信这一普遍存在的有限理性因素，使模型更加贴合现实情况。

1.5 本书章节安排

本书共包括八部分内容。第1章绪论主要介绍本书的研究背景、研究问题、研究内容和研究方法等内容。第2章为文献综述，对本书所涉及相关领域的文献如复杂产品、风险管理、过度自信等进行系统性的回顾。第3章对复杂产品风险治理组织结构特征进行分析。第4章对风险管理中过度自信的表现形式展开分析，提出过度自信对复杂产品风险治理影响的二元论。第5~7章分别探讨在过度自信的影响下，复杂产品生产阶段、设计阶段、研发阶段的激励机制设计问题，并提出管理建议。第8章总结全书，并提出后续研究方向。

第2章 文献综述

2.1 复杂产品

2.1.1 复杂产品概念及相关研究

复杂产品（complex product）的概念最初源于美国的军事系统，从大技术系统的概念演化而来[22]。彼时学者往往关注对大型项目、产品的复杂性的测量，或者相关产品研制过程的项目管理工作等。虽然没有形成复杂产品这一概念，但已有很多学者提出了一些松散的、尚未成系统的学说。例如，沃克（Walker）就在他的书中提到："随着层次链的不断攀升，产品越来越复杂，生产数量越少，规模越大，越具有系统性。与此同时，设计和生产技术往往从那些与大批量生产有关的技术，通过系列化和批量化，过渡到单件生产。在层次链的顶端，生产将涉及不同技术的综合，通常需要大规模的项目管理和企业之间广泛的合作。"[23] 随着技术经济的不断发展，复杂产品开始从起初的军工产品向民用产品延伸，在国计民生等方面扮演着越来越重要的角色。复杂产品所包含的内容从最开始单一的军用设施，慢慢涵盖了高速列车、商用飞机、大型船舶等民用设施[24]。1998 年，霍布迪（Hobday）首次提出了复杂产品这一概念，指出复杂产品就是资金密集型、技术密集型的产品、系统、网络或建筑，"复杂"一词用于反映定制组件的数量、所需知识和技能的广度、涉及的新知识的程度以及其他关键产品维度[7]。

无论是军工行业、建筑行业还是计算机行业，都存在复杂产品。表 2-1 中列出了部分行业中复杂产品的例子。可以看到，复杂产品在现代经济和社会生活中扮演着非常重要的角色，是各行各业的支柱。从某种层面上来说，复杂产品更多属于一种生产资料：一种特殊的，高度复杂的，具有系统性、网络化特征的生产资料。鉴于复杂产品在各行各业广泛存在，很多学者针对某一具体的复杂产品展开研究。目前，在复杂产品领域的研究主要集中在创新管理、知识管理、技术管理、组织管理、风险管理五个方面。

1. 创新管理

与普通消费品不同，复杂产品创新过程中研发和生产的界面变得模糊，复杂产品的研发过程和生产过程相融合。其创新的组织形式通常为多职能跨企业的项目组。创新管理过程与项目管理具有很强的相关性[25]。现有的创新理论，如詹姆斯（James）提出的

部分行业复杂产品实例　　　　　　　表 2-1

所属行业	复杂产品实例
军工行业	导弹系统、核聚变研究设施、地空导弹控制单元、潜水艇、战列舰
建筑行业	高速铁路、特大桥梁、水坝、港口
信息行业	超级计算机、智能建筑、智能仓库、道路交通管理系统
能源行业	海上采油平台、炼油装置、核电站、供水系统
制造业	高速列车、商用飞机、豪华游轮

基于产品生命周期的创新动态模型[26]，基耶萨（Chiesa）等提出的创新审计框架[27]，库珀（Cooper）提出的技术创新成功因素模型[28]，在运用到复杂产品上时并不能恰如其分地描述其创新过程[29]。正如陈劲所言，复杂产品的创新过程具有特殊性，面临"涉及部门多、管理难度大，技术要求高、创新风险大，内嵌模块多、模块定制多"等难点[30]。

针对这一现实情况，大量学者对复杂产品的创新理论展开了研究。陈劲等提出了以模块开发为基础的复杂产品创新流程，指出复杂产品的创新流程包括系统功能分析与模块划分、模块分包商的评价与选择、模块开发与模块协调、模块集成与系统调试、系统交付与完善五个方面，并结合某城市地铁交通控制系统的开发案例对该创新流程进行了论证[30]。在他另一篇文章中，通过对10个复杂产品的案例进行深入分析，归纳出我国复杂产品创新的过程模型[29]。洪勇等人指出，引进消化吸收再创新是发展中国家技术能力发展的一般轨迹，我国复杂产品系统自主创新的实现也应遵循这一路径；由于我国作为创新主体的企业大多存在技术、资本等各种资源相对匮乏和复杂产品系统涉及技术领域多、开发规模大、创新风险高等问题，合作创新网络就成为我国复杂产品系统自主创新的最佳组织形式[31]。冉龙等人通过对浦镇公司1949~2012年的创新过程进行研究发现，复杂产品系统创新是企业网络能力、创新结构和创新模式协同演化而成的，在这个过程中呈现出自组织行为的阶段性特征[32]。

近年来，越来越多的学者开始从创新生态系统的视角对复杂产品的创新管理展开研究。胡京波等人以中国商飞公司C919大型客机为研究对象，用案例研究的方法探索了复杂产品创新生态系统中的互补性管理，研究识别了复杂产品创新生态系统互补性资产的类型，并分析了不同类型的互补性资产面临的创新挑战[33]。此外，他们也对中航动力股份有限公司的航空发动机转包业务展开案例研究，分析了在复杂产品创新生态系统中核心企业如何管理创新悖论[34]。李培哲等人从关系契约管理和非正式网络管理两个方面分析了复杂产品在产学研协同创新过程中的管理机制，指出两种管理方式在复杂产品系统的研制过程中会发挥协同作用，促进各创新主体之间的信息交互，提高产学研协同创新的效率[35]。薄洪光等人在对CRH3高速动车组的集成制造管理平台的建设过程展开案例研究，构建了复杂产品系统创新过程中集成制造管理的理论模型，解释了集成制造管理与复杂产品系统创新之间的动态关系[36]。金（Kim）和迈尔斯（Miles）通过双案例研究分析了两家典型企业如何通过动态能力改进系统集成能力和知识边界，以推动复杂产品系统的创新[37]。金（Kim）还通过比价案例研究分析了组织战略决策、战略优先事项和员工选择对复杂产品系统创新学习过程的影响，指出不同的组织战略决策和战略优先事项会影响学习的不同阶段和方式[38]。弗兰萨（França）研究了复杂的研发创新项目中多个合作伙伴之间如何协调并共同理解的问题。通过深入案例研究，研究人员发现了在项目生命周期中采用不同的协调机制，并通过管理任务和角色促进共同理解[39]。

2. 知识管理

复杂产品的创新背后需要高效的知识管理。作为一个科技企业的核心资产，知识在很大程度上决定了企业的核心竞争力。企业在进行知识的消化、吸收、转化、传播和存储的过程中，如果不能保证知识的可用性和时效性，往往会给企业的研发带来巨大的损失，甚至让企业错失进入新兴市场的机会。随着技术的推陈出新，复杂产品需要的知识的种类和深度也在不断增加，很少有企业能够完全掌握关于复杂产品研制过程的所有知识，共享、协同、合作是行业惯例。如何有效管理多个跨组织的团队的知识成为复杂产品研究领域的重要课题。

在复杂产品的知识管理方面，罗岭等人基于团队合作理论和知识管理理论，应用成本–收益方法，建立了复杂产品研发绩效数学模型，分析了影响复杂产品研发绩效的主要因素。研究发现，提高成员的知识接受能力可以提高研发绩效，但存在瓶颈，随着团队规模的增加，研发绩效也会增加，当团队规模增加到一定水平之后，研发绩效会随着团队规模的增加而减少[40]。陈劲等人研究了复杂产品在创新过程中如何进行知识管理，提出了相应的知识管理模型，并指出在影响复杂产品创新知识管理的因素中，组织文化和基础设施（组织结构）是最重要的因素；其次是作为工具的 IT 技术[41]。乐承毅等人分析了复杂产品系统中的知识管理活动，进而提出并构建了跨组织知识超网络模型，研究发现利用 Web2.0 相关技术对 CoPS（复杂产品系统，"Complex produce systems"）中的知识进行共享，可以有效解决知识缺失和知识无序的问题，为知识超网络的构建提供知识基础[42]。王娟茹等人结合知识管理和复杂产品的相关理论，通过实证研究指出，显性知识共享行为和隐性知识共享行为不仅对产品绩效和学习绩效有直接作用，还能通过创新速度和创新质量间接影响产品绩效和学习绩效[43]。他们的研究还探讨了信任、团队互动和知识共享行为之间的关系，构建了研究模型，发现团队互动在信任和知识共享行为之间能起中介作用[44]。托马斯（Thomas）等人通过对一家医疗设备制造商和飞机制造商进行案例分析后建立了复杂产品的知识吸收模型，该模型包括识别用户知识的价值、获取用户知识和同化/转换用户知识三个方面[45]。

事实上，复杂产品的知识管理和创新管理之间存在一些重叠。在研究文献中可以发现许多与知识管理相关的内容也与创新管理密切相关。这种重叠主要源于复杂产品系统的特性，即其创新过程通常涉及大量的跨学科合作和多个合作伙伴之间的知识共享。有效的知识管理可以为创新管理提供坚实的基础和支持，而创新管理则为知识的发现和应用提供了更广阔的平台。因此，将这两者视为相互补充的领域，能够更好地促进复杂产品的持续创新和发展。

3. 技术管理

如果知识管理是复杂产品研制过程背后的支撑，技术管理就是在知识管理的基础上对知识的灵活运用和创新。复杂产品的研制过程对技术有非常高的要求，不仅需要制造商对现有技术进行扫描搜寻和筛选，还需要对现有的技术进行分析和创新。特别是对于发展中国家，如何实现弯道超车进行技术追赶，更是复杂产品技术管理领域的热点话题。

普伦奇佩（Prencipe）通过将定量和定性数据相结合，从宽度和深度两个维度分析了飞机发动机制造商在面对飞机控制系统技术不断更新换代的情况下，采取的内部投资、与外界研究结构合作研发等提高自身技术能力的措施，详细准确地展示了复杂产品研制企业技术能力的动态发展过程[46]。加拉蒂（Galati）等人对欧洲航天局太阳轨道飞行器中日冕仪的研发过程进行了案例分析，调查了项目期间出现的主要结构性组织间的紧张局势以及如何解决这些紧张局势，并在此基础上区分了应急解决方案和结构性解决方案[47]。科罗纳多（Coronado）等人调查了在汽车供应链技术不确定性下，系统集成商在管理具有模块化架构的复杂产品方面的作用。研究结果表明，技术不确定性较低的系统集成商，如客车和客车制造，必须能够重新设计这些架构。对于高技术不确定性下的复杂产品、架构，最重要的创新来源仍然在于个体活动的专业化[48]。詹通（Janthong）等人针对复杂产品的再设计问题，通过将复杂产品分为管理层、控制层和机械层三个层次，提出了一种适应技术演进的集成设计方法。该方法可以帮助开发团队更好地理解研究系统内交互的复杂性[49]。刘（Liu）和苏（Su）以复杂产品与系统产业研发组织为研究对象，探讨了模糊前端阶段的市场导向和技术导向如何影响复杂产品与系统研发组织的产品创新成功。研究结果表明，在模糊前端阶段，市场导向和技术导向对 CoPS 创新成功产生了混合效应[50]。刘兵等人通过借鉴 Lyapounov 函数有关复杂产品的稳定性描述，对产品开发与技术能力的协同机理、产品开发与技术引进的关系等进行了研究，指出产品开发需求是复杂产品创新的基础、技术引进必须服务产品开发这个中心、产品序列升级过程就是技术能力成长过程[51]。大卫（David）的研究指出，对于基于复杂产品项目的公司，绩效和竞争力不仅仅取决于单个公司，也取决于整个网络的运作是否有效率，因此要想对技术进行有效的管理，就要超越公司的界限，从整个网络的角度来考虑[52]。

李煜华等人从复杂产品技术企业、复杂产品技术接收企业、环境因素和技术本身四个方面对技术扩散的影响展开研究，发现企业能力、环境因素和技术本身三者相互影响，并对复杂产品系统的技术扩散有显著性影响[53]。林善波指出，要进行复杂产品系统的技术追赶，就要选择动态比较优势战略，也就是集中资源，有计划、有战略地对那些突破可能性较大的领域或产品进行突破，而不是只从资源禀赋和比较优势出发，选择技术含量低但是学习成本也低的产品[54]。路风通过对中国发展大飞机的三个历史教训进行深刻的探讨，并指出坚持走自主开发道路对中国民航的发展至关重要[55]。

既有文献显示，复杂产品的技术管理领域正日益受到学术界和产业界的重视。研究重点聚焦于解决复杂产品开发和创新过程中的诸多挑战，包括系统集成、跨学科合作、技术整合等方面。为推动创新和提高产品性能，学者们不断探索各类系统集成方法与策略，并着力构建有利于知识共享和传递的组织文化。复杂产品技术管理的研究不仅对学术领域具有重要意义，对于企业的技术创新与竞争力提升也具有深远的影响。

4. 组织管理

复杂产品的复杂性不仅表现在产品上，也表现在组织结构上[56]。由于复杂产品的层次多、系统多，其研制团队与普通产品的研制团队有较大的不同，往往具有多层架构性和系统性，而组织结构形式将会给研发团队的运行过程带来较大的影响。

詹斯（Jens）等人研究了在复杂产品中如何构建有效的组织结构以提升项目绩效的问题，他们以英国一家水务公司要提高项目绩效为案例进行了单案例研究，通过访谈、搜集资料，采用 Nvivo 软件对资料进行编码，提出了复杂产品组织结构创新的四阶段模型[57]。付永刚等人采用探索型案例研究的方法，以来自飞机制造、发动机制造、机车制造和传播制造行业的 4 个复杂产品系统研发机构为案例，围绕复杂产品系统的研发团队组织有效性进行了研究和分析，研究发现复杂产品的研发团队在组织形式方面呈现多层级、多类型的特征，而且这些特征与复杂产品系统自身的技术复杂程度、研制一体化程度、客户类型、产品交付周期等因素相关[58]。宋砚秋等人通过对四个典型复杂产品项目实施过程中的组织结构的动态调整过程进行比较分析，发现在复杂产品系统需求分析、系统结构设计、模块开发阶段，项目的组织结构形式是从弱矩阵式逐步过渡到强矩阵式进而发展为对接式项目团队，在系统集成阶段，进一步演化为项目式组织结构[59]。霍布戴（Hobday）对比了在生产复杂产品的过程中，职能导向的矩阵式组织与基于项目的组织的优缺点。研究发现，基于项目的组织结构在鼓励创新、有效满足客户动态需求方面有较大的优势，在协调整个组织的流程、资源和能力方面职能导向的矩阵式组织更具有优势[60]。奥劳松（Olausson）等人通过对一家从事高新技术研发的企业进行跟踪调查发现，复杂产品自身所具有的复杂性和研发过程中存在的不确定性对组织结构提出了不同的要求。复杂性要求组织具有层级性，有很强的中心性且正规化的要求很高，便于协调各种资源;不确定性正好相反,要求组织去中心性,结构扁平化并且对正规化的要求较低。对于从事复杂产品的企业而言,最重要的管理目标就是在二者之间找到平衡点[61]。何清华等人结合项目界面管理影响因素的相关文献,通过因子分析法提取了最具有代表性的影响因素,构建了复杂建设项目多维度评估指标体系,能够对复杂建设项目整体界面和各维度的管理水平进行有效的测度[62]。

随着技术越来越复杂、客户的需求越来越苛刻,复杂产品的开发难度越来越高。复杂产品研制过程中出现的组织结构与研制成本和进度密切相关[63]。为了管理开发的复杂性,研究人员在人员、产品、流程和信息流等领域提出了各种模型和工具[64]。擅长管理复杂性的公司也通过不断优化组织结构(例如企业架构、角色重新配置以及指标和激励系统的使用)提升企业的核心竞争力[65]。总体而言,当前关于复杂产品组织管理的研究聚焦于探讨如何高效管理多方合作、多学科团队以及跨部门的复杂产品开发项目。学者们着眼于发展灵活适应性的组织结构和决策流程以应对动态需求和不确定性,也关注协调多个合作伙伴的合作行为和信息流动。

5. 风险管理

正如研究背景中所描述的,与普通商品相比,复杂产品的任何一个环节都很容易受到各种因素的影响,引发风险事故。因此,很多学者对复杂产品的风险管理展开了研究。

复杂产品风险管理难度远高于普通产品。艾文(Aven)通过对近年来风险管理相关文献进行梳理指出,由于电网、交通网络等基础设施项目由多个复杂的、相互依赖的子系统组合而成,因此开发出一套风险性和脆弱性的分析工具变得非常必要[66]。任(Ren)等人通过对新加坡和中国的复杂产品生产过程进行实证调查,研究了项目风险管理成熟度与项目复杂程度、项目不确定性以及项目表现之间的关系,并指出成功的复杂产品生产过程离不开综合的风险管理框架[67]。戈麦斯(Gómez)等人针对基础设施网络复杂、脆弱的特征,把分布式代理网络综合适用框架应用到基础设施风险评估和管理工作中,发现该框架有可能解决风险暴露下基础设施网络性能的复杂演变[68]。李洁(Li)等人通过对大量的 PPP 项目进行研究发现,大多数 PPP 项目失败的主要原因在于管理者对风险缺乏综合性的评估和管理[69]。帕特(Paté-Cornell)指出,复杂工程项目风险管理需要对风险进行深入、系统的分析,分析对象包括复杂工程的基本功能和所处环境两个方面[70]。苏越良等人通过建立一种复杂产品开发项目风险协调控制算法,得到了一种基于全局的复杂产品开发项目风险协调控制方法,并通过实证分析指出该方法对于复杂产品项目开发的风险控制是有效的[71]。陈祥锋等人指出产品质量的不确定性除了受自然和随机因素影响外,还与生产商和供应商的主体因素有关,通过建立基于纳什均衡的二层次决策模型,分析了供应合同决策变量对供应链质量的影响[72]。

2020年以来，关于复杂产品风险管理的研究更多聚焦在设计风险和质量风险方面。很多学者选择网络视角分析设计风险或质量风险在供应链网络中的传播和积累机制。Li等人构建了一种多层网络模型来分析复杂产品研发项目中设计变更的风险传播和缓解措施，揭示设计变更风险的传播规律，并通过提高复杂产品研发项目的鲁棒性和弹性减缓破坏性设计变更风险的传播[73]。Li 等人依托复杂网络理论建立了带有灰色攻击信息的设计变更风险传播模型，为复杂产品研发项目稳健性的预测和改进提供了新的视角[74]。鉴于质量风险会沿着供应链传播和积累，Li 等人的研究指出质量风险的传播包括企业内部的垂直传播和供应链中从低层次企业到高层次企业的水平传播[75]。宋（Song）等人提出了一种新的评价方法，对工业智能产品服务系统进行故障识别。该方法不仅考虑了失效模式冲击的衰减效应，而且考虑了各失效模式之间的相关性[76]。索尔吉（Solgi）等学者提出了一个双目标鲁棒数学模型，旨在为复杂产品及其子系统提供灵活的供应商选择和订单分配策略，以应对不确定性和中断风险。该模型采用了鲁棒优化方法，为问题提供了稳定的决策支持。此外，还设计了不同的复原力战略，包括从发生中断后快速恢复供应、增强供应商的防御能力、采用备用供应商，以及允许供应商利用额外的生产能力来容忍中断情况。这些策略共同构成了应对中断风险的综合性方案，有助于确保复杂产品的稳健供应链和持续生产能力[77]。

随着复杂产品的技术复杂度、研发主体数量以及合作关系的增加，复杂产品的风险管理工作也开始面临新的挑战。然而，目前的文献较少从治理的角度研究复杂产品的风险管理，并忽视了从业人员的有限理性因素。在处理复杂产品的风险时，治理视角可以提供更全面的分析框架，考虑多个组织之间的责任与决策机制。同时，要考虑从业人员的有限理性，包括认知偏差和信息不对称，以制定更适应实际情况的风险管理策略。综合治理视角和有限理性因素，可以更好地应对复杂产品开发中的不确定性和潜在风险，为风险管理提供更有效和全面的解决方案。这样的研究将为复杂产品领域的发展提供有益的指导。

2.1.2 复杂产品的特点

复杂产品与普通消费商品具有明显的差异。众多学者在对其展开研究时从不同视角对复杂产品的特点进行了概括。本书选取国内外常用的观点列于表2-2之中，供各位读者参考。

在前人研究的基础上，聚焦于本书风险治理领域，总结出以下几个复杂产品的特点：

1. 产品结构复杂

复杂产品的结构可以分为两类：一类是硬件系统，另一类是其内嵌的软件系统。每一类都由多个相互连接耦合的子系统构成，任一子系统都可以视为一个小型复杂产品。

复杂产品的特点 表 2-2

提出者	维度	特征
迈克·霍布迪（Mike Hobday）[78]	产品	由许多定制的、相互关联的元素组成
	生产过程	它们往往在生产过程中表现出突发性，因为在设计、系统工程和集成过程中经常发生不可预测和意外的事件和交互
	市场交易	它们往往是在项目中或小批量生产的，允许用户高度直接参与，使业务用户能够直接参与创新过程，而不是像通常商品那样通过独立的市场交易
Ying-Tao Ren[79]	单位成本和财务规模	单位成本很高且财务规模很大，供应商和顾客随时会受到财务和金融状况的影响
	产品规模	产品的研发生产通常是一次性、小批量，一旦最终产品出现问题几乎无法重新生产
	技术创新	通常需要一定程度的技术创新
	产品结构	产品结构复杂程度高，具有很多相互关联嵌套的部件和子系统
	订制程度	无论是从系统层面还是零部件层面都有很高的订制需求
	知识技术	知识和技术涉及面广，最终产品需要整合多种不同的知识和技能
	软件需求	通常需要内嵌软件使产品正常使用，一旦软件出现问题将会严重影响产品的正常运行
	利益相关者	研发、生产、使用过程涉及大量的利益相关者
	监管强度	监管过程既要保证生产安全，也要考虑鼓励创新，对监管的艺术性要求很高
杨瑾[80]	供应链分布	复杂产品供应链的产业集群在地理位置上跨度可以很大
	供应链结构	复杂产品的供应链网络是多层次、多维度、多功能、多目标的立体网络链
	供应链发展	经营全球化、进行全球资源配置是基于大型复杂产品供应链的产业集群发展到一定程度的必然结果，同时也是产业集群不断发展的重要突进
陈占夺[81]	生产类型	订购的方式进行生产，营销行为发生在制造行为之前
	生产数量	单件或者小批量生产，没有规模效益
	能力要求	学习效应强，跨项目学习能力会成为复杂产品供应商获取项目和提高项目运营能力的重要优势
	产品	技术密集型，涉及多个领域的知识，因此作为单个企业要掌握复杂产品的所有相关技术是不现实的，也是不经济的，为了顺利、经济地完成项目，复杂产品企业大量采用外包的形式
	组织	具有跨企业性，需要多企业参与，要以项目形式进行管理，复杂产品的总供应商通常在整个系统研制过程中充当系统集成商的角色
	产品流程	研发几乎融入整个产品里程之中，用户高度介入
	市场特性	一般为多寡头市场，几家集成商分割市场，不仅在供应链的前端，核心供应商或者集成商是寡头的形式在供应链的末端，用户的数量也不是很多，一般使用复杂产品的都是一些巨大的国有企业或者跨国企业，数量不多
苏敬勤[82]	市场特征	多以 B2B 的交易方式进行，交易数量少且标的大，同时受政府或政策的高度调控
	企业竞争战略	聚焦于产品的设计与开发以及系统的集成，重视系统集成能力
	创新	创新过程强调参与创新的各企业之间的合作以及整个创新网络的构建，创新的原动力来自于最终用户定制化的需求或潜在的需求，系统集成开发商在集成子模块的同时完成创新与扩散的融合
陈劲[29]	产品的研制	传统的研发、试制等过程包含在模块开发之内
	产品的交付	产品的交付过程伴随其技术的应用与扩散一次性进入市场
	产品的运维	产品交付之后，有长时期的跟踪完善过程

因此，复杂产品拥有极其复杂的产品结构。这一特点也是众多学者都提到并认同的。

2. 知识技术涵盖面广

结构和功能的复杂性离不开知识技术的支撑。任何一个复杂产品的背后都涉及多个领域的知识技术。例如集散控制系统（DCS）的创新综合了自动控制、网络通信、计算机、电子、机电一体化等现代自动控制技术，其设备制造和网络建设还涉及机械、土木工程等多个领域。大型船舶产品（如航空母舰）横跨并称国民经济支柱产业的交通、能源、材料、信息四大领域[30]。

3. 利益相关者多且合作关系网络化

随着社会分工的不断深入，专业化程度日益加剧。任何一个企业都不可能拥有一复杂产品涉及的所有知识，在结构复杂和知识技术涵盖面广的前提下，很多企业将会参与到某一件复杂产品的研制过程中，且他们之间的关系非常紧密，针对同一个部件会有多个企业参与，而每一个企业又会参与到多个子系统的研制过程中，他们相互之间的合作关系以网络化的形式呈现。以中国高铁机车为例，中国22个省、700多家企业参与了技术的研发和配套。复兴号上动车组9大关键技术、10项配套技术由包括中车株洲所产业基地在内的全国多个研究机构逐一突破。C919的研发包括102项关键技术的突破，涉及200多家企业、6所高校，有数十万技术人员参与其中①。从这些实际的例子中也可以看出复杂产品的这一特点。

4. 不确定性高

复杂产品子系统多、子系统复杂、子系统之间联系紧密，与此同时，参与的利益相关者也多，各方任务不同、诉求不同，使得合作过程往往需要较长时间的磨合。这些客观因素都令复杂产品的研制过程充满了各种不确定因素，任何一个微小的偏差都可能导致系统性的风险。

5. 产量小导致生产过程中信息反馈少

复杂产品的生产批量很小，有时候甚至是一次性的生产。如港珠澳大桥就是一次性的产品。这使得在生产过程中得到的有效反馈信息较少。对普通消费品而言，通过不断生产，产品代系的更迭，不断有新的信息可以指导后续生产，但由于每一个复杂产品都具有其特殊性，因此，相较于普通消费品，不同的复杂产品的生产过程中可相互借鉴的信息少了很多。

6. 计划时间长

从产品构思到产品的设计再到最后的产品交付，复杂产品比一般消费品需要花费更多的时间。一些国家级的复杂产品，从产品构思到最后产品交付可能会经历数十年的时间。

---

① 《大国重器（第二季）》第三集 通达天下 [EB/OL]// 央视网．（2018-03-07）．https：//tv.cctv.cn/2018/03/07/VIDE6kAVADCm0JfEJy4jpFFY180307.shtml?spm=C55953877151.PHXsiQANZko2.0.0.

7. 信息不对称情况严重

涉及的利益相关者众多，高要求的知识技术使得复杂产品的研制生产工作需要大量的高智力劳动。脑力劳动最大的特点之一就是过程难以监控。不仅是管理人员很难准确了解脑力劳动者的工作进度，脑力劳动者之间也很难了解对方的工作进度以及努力情况，导致严重的信息不对称，为管理工作带来巨大的挑战。

2.2 过度自信

2.2.1 过度自信概述

在众多关于人的研究因素中，有限理性因素首当其冲。因为它不仅普遍存在，还使得人们的行为偏离理论分析的最优决策，变得难以预测。在各种有限理性因素中不得不提到的就是过度自信，因为过度自信最为稳定、最为一致、最为普遍[83]。从第一次世界大战到古巴导弹危机再到越南战争，从2008年金融危机到卡特里娜飓风到来时政府准备不足，再到新冠肺炎暴发人们对股票的预估，都可以看到过度自信的影子[84-87]。专业人士们在做出决策的时候都会表现出很大程度的过度自信。越来越多的学者开始把目光投向过度自信，他们对于过度自信的内涵也提出了不同的见解[88]。加拉索（Galasso）认为过度自信是公司管理人员对自身能力的高估[89]。马尔门迪尔（Malmendier）认为不仅如此，过度自信的公司管理人员还会把成功的原因过多地归于自身却不考虑外界环境的影响[90]。Li认为过度自信是人们对市场需求波动性的低估[83]。格拉布（Grubb）则认为过度自信是消费者对自身控制能力以及消费情况的错误估计[91]。克雷曼（Klayman）等人指出，当人们在对自己预测信息的准确率过于肯定的时候则表现出了过度自信[92]。福布斯（Forbes）等把人们在回答困难问题时对自己答案准确性的高估这一现象定义为过度自信[93]。塞文森（Svenson）等人在对美国的司机进行安全驾驶方面的试验时发现有46.3%的人认为自己属于技能最高的20%，因此他们对过度自信的定义为"人们认为自己在完成某项任务时的表现高于平均值的现象"[94]。笔者通过梳理前人对过度自信的定义，从行为人过度自信的评价对象视角对过度自信的定义进行了分类，如表2-3所示。

过度自信定义的分类　　　　　　　　　　　表2-3

角度	定义
内向型高估	对自己在完成某项任务时的表现的评价高于实际情况；或者人们对自己的知识水平、能力大小的高估；或者人们对自己的消费水平的高估等[91, 95, 96, 97]
外向型高估	对环境的可控性、稳定性的高估[98, 99]
双向型高估	在对自身能力、表现等方面的高估同时对环境的可控性、稳定性进行高估[100, 101]

不同定义角度的背后反映的是过度自信对认知和行为方式的不同影响。内向型高估往往使得人们对自己的能力水平、知识水平、表现水平做出高于实际的估计。例如，消费者会高估自己的自我控制能力，办理一张长期的健身卡，而实际去健身的次数屈指可数；回答困难题目的被试者通常会对自己答案的正确率做出脱离实际的高估；经验丰富的律师也会对自己在法庭上的辩护表现做出高于实际的估计。外向型高估通常使得人们低估外界环境的变化程度，认为风险事件发生的可能性比较低，即便发生也不一定会引发事故，即便引发事故也不一定会造成损失[18]。双向型高估会造成人们的自我归因偏差，当人们在某项工作上取得成功的时候，他们往往会认为成功是因为自己的努力和能力；当失败时，他们往往会认为是因为外部的不确定因素以及自己的运气不够好。同时，双向型高估也会带来优于平均效应，即人们不仅会高估自己的水平，同时也会低估别人的水平，最后的结果就是大家都认为自己处于平均水平之上。

2.2.2 过度自信的应用

越来越多的研究领域在分析过程中开始将过度自信考虑进来。无论是人们的日常生活还是大国政治或者是在针对自然灾害的准备工作上，都有学者从过度自信的角度开展相关研究并指出过度自信在其中扮演着不容忽视的角色[85, 94, 96, 102, 103]。具体到经济管理领域，对于过度自信的研究已经涉及投资者行为和金融市场、CEO 行为和公司治理、消费者行为和公司行为甚至劳工罢工等[104]。

金融学是过度自信心理偏好应用的第一个经济学领域[105]。多年的深耕使得这一领域的研究已经比较成熟。一个较为常见的研究范式是研究股票投资者的过度自信对其交易行为的影响[106, 107]。随后在 CEO 行为和公司治理方面过度自信也引起了很多学者的注意。例如，罗伯特（Robert）等人以美国企业为研究对象，探索了 CEO 过度自信对商誉减值的影响，研究发现，当 CEO 过度自信程度越高时，商誉减值确认的可能性和金额都会降低[108]。Chen 等人研究了 CEO 过度自信对工作场所安全的影响，研究发现 CEO 过度自信与工伤率之间存在显著的正相关关系，表明 CEO 过度自信降低了工作场所的安全性[109]。哈利勒（Khalil）等人利用贝叶斯网络理论构建了一种新的基于概率的 CEO 过度自信测度方法，所建立的贝叶斯网络模型对 CEO 过度自信具有较高的拟合和预测精度[110]。陈凤等人通过对 2008~2012 年沪深证券交易所上市公司的数据进行分析发现，公司高管的过度自信会使得公司投融资风险增加，并指出通过建立良好的董事会结构可以有效降低过度自信带来的这种风险[111]。赫里巴尔（Hribar）等人认为过度自信会提高公司高管信息预测的准确性，且过度自信的高管更喜欢发布信息预测报告[112]。艾哈迈德（Ahmed）研究发现，过度自信的管理者在确认公司收益的时候倾向于延迟损失确认，且越是过度自信的管理者越不太愿意选用稳健型的会计[113]。近几年来，关于过度自信的研究开始更多地转向风险管理、创业创新以及激励机制设计等方面。

1. 过度自信在风险管理领域的研究

阿德南（Adnan）等人采用固定效应面板回归方法对CEO过度自信、公司层面因素和系统性风险的影响进行了分析。研究发现，过度自信的CEO会增加公司的系统性风险[114]。Chen等人的研究指出，过度自信的投资者更相信私人信号，低估私人信号中的噪声影响，从而影响他们对结构性理财产品标的资产价格的预期。过度自信偏差还会进一步导致投资者高估获得更好回报的概率，降低其风险感知水平[115]。Fang等人的研究指出，过度自信的CEO也会影响供应商的风险承担。具体而言，当客户具有过度自信时供应商将会承担更高的风险[116]。徐朝辉等人通过实证检验发现管理者过度自信与企业信用风险呈显著正相关，多元化经营在管理者过度自信与信用风险之间存在显著的中介效应[117]。诺西（Nosi A）等人在研究分析投资者冒险行为的决定因素时发现，过度自信对风险行为有着非常显著的影响[118]。陈夙等人通过对沪深证券交易所上市公司进行研究发现，管理者过度自信会显著增加公司投融资风险[111]。赵惠良等人通过在基金投资管理研究中考虑过度自信心理发现，若基金经理对风险控制任务的过度自信程度超出该项任务的不可观测度，则应对该项任务采用可变工资制，反之应该采取固定工资制[119]。金（Kim）等人的研究指出，相比于不具备过度自信特质的管理者，过度自信的管理者更容易引发股价暴跌的风险和投资者冲突风险[120]。亚当（Adam）的研究发现，当管理者在投机行为中获利之后会增加他们投机行为的次数，但是当在投机行为中失败之后，他们却没有相应减少投机行为的次数，这很难与理性的风险管理理论一致，但是与过度自信的理论是相符的[121]。西奥（Seo）等人的研究发现，过度自信的管理者在持有以股权为基础的薪酬时倾向于承担更具战略风险的投资[122]。

2. 过度自信在创业创新领域的应用

早期的研究比较侧重于过度自信作为一种有限理性的因素对人们行为决策的影响。通常人们会认为由于过度自信的存在导致人们做出的决策会偏离最优决策。随着人们对过度自信这一因素的研究不断深入，一些关于过度自信对管理的有利影响逐渐被发掘出来。其中过度自信对企业创新能力的提升是比较具有代表性的研究方向。加拉索（Galasso）就指出，过度自信的CEO更有可能将他们的公司代入新的技术方向，尤其是在更具竞争力的行业中，过度自信的影响更大[89]。王铁男也指出，CEO过度自信对IT投资与公司绩效之间的关系具有显著的正向调节作用[123]。同时，过度自信还通过影响公司R&D投入的强度，使公司对IT投资具有更强的吸引力，使IT投资的潜力和其对公司绩效的影响得以更充分地发挥[124]。易靖韬等人也指出，在企业研发支出不变的情况下，高管过度自信仍旧会给企业带来更多的创新产出，而且相比非高新技术企业，高管过度自信与创新绩效的正向关系在高新技术企业中更为显著[125]。罗宾逊（Robinson）探讨了过度自信、风险认知和创业决策之间的相互关系，并指出过度自信在企业家精神中的重要性日益增加[126]。

3. 过度自信在激励机制设计中的应用

Deng 等人对区块链供应链金融平台在实际运营中的过度自信行为展开了研究，并运用委托代理模型和激励理论设计了平台与银行、央行之间的激励机制[127]。高尚等人着眼于工程项目建设过程，分析了非对称信息情形下业主和承包商的博弈过程，探究了承包商过度自信和时间价值对双方最优决策的影响[128]。孔祥印等人分析了代理人过度自信对委托人最优激励契约设计及最优备货决策的影响。通过建立反映代理人过度自信时的最优激励契约与备货联合决策模型，得到并比较了代理人过度估计和过度精确两类过度自信类型下委托人的最优激励契约与最优订货量决策[129]。刘新民等人通过考虑融资平台的双重过度自信，建立了反映双重过度自信的基于三阶段动态博弈的多任务动态激励契约模型，从系统参与主体视角和政府视角审视了激励契约中的相关问题[130]。格尔维（Gervais）指出，对于风险规避型的投资者过度自信的存在会使其变得不那么保守，在面对具有一定风险的项目时，他们甚至愿意降低自己的薪酬水平以对项目进行优化[131]。陈克贵通过研究在考虑道德风险和代理人过度自信水平为其私有信息情况下，委托人对代理人的最优激励机制设计问题，并指出当委托人不确定代理人的过度自信水平时，会造成其收益的下降[132]。浦徐进的研究指出供应商较高的过度自信和公平关切有利于激励双边研发努力投入的同步提高，并且最终实现较高的质量水平[133]。闾丘（Humphery）的研究指出，针对过度自信的管理者的激励机制与完全理性的管理者的激励机制是不同的，由于过度自信的管理者高估了公司未来的价值，因此相比完全理性的管理者，较少的股权就能够很好地激励过度自信的管理者[134]。

这些研究表明，学者们已经开始在激励机制的设计过程中考虑过度自信所扮演的重要角色。从委托代理模型到动态博弈，学者们探讨了在不同情境下过度自信对激励契约和决策的影响。对于供应链金融平台、工程项目、委托人和代理人之间的关系，以及风险规避型投资者，过度自信都展现出复杂的影响。既有研究有助于更好地理解和应用过度自信的因素，为有效设计激励机制提供了有益的指导，也为本书的理论分析提供了非常有价值的参考和借鉴。

2.2.3 过度自信的测量方法

探索出一套能够被学术界广泛认同的、用以衡量或判断管理者是或否过度自信的方法是研究过度自信对管理者决策影响的出发点和难点。这可能是在管理者过度自信这一因素被提出之后很长时间里较少有实证文章对其进行研究的主要原因。2014 年《管理科学》*Management Science* 在设立判断和决策（Judgment and Decision Making）部门的时候就指出希望有更多研究自信评估的文章。由于过度自信定义存在不同的角度，其测量方式也多种多样。总体而言，关于过度自信常见的测量包括 6 种方式。本书将对这 6 种测量过度自信的方法进行评述，并指出国内在研究过度自信时对相关测量方式的改进。

方法一：基于公司高管持股行为的测量方法

2005 年，马尔门迪尔（Malmendier）等人率先提出这一衡量公司高管是否具有过度自信的方法，用以研究公司 CEO 过度自信对公司投资决策的影响。该方法从三个方面判断一个 CEO 是否具有过度自信：（1）确定一个股票的最低收益率，当公司 CEO 持有的本公司股票解禁期已满，且该股票的收益率已经超过了最低收益率，该公司的 CEO 依然不卖出股票，说明该 CEO 认为公司的效益会继续向好的方向发展，这说明他是具有过度自信的。（2）当一个公司的 CEO 持有本公司的股票直到最后的有效期满，说明这个 CEO 是具有过度自信的。（3）如果公司的 CEO 不顾自己所持股票的单一性依然增持本公司的股票，那也说明该 CEO 是过度自信的[90]。随后该方法被大量从事实证研究的学者引用[135, 136]。由于我国证券市场的相关制度不够完善，而且我国实施股权激励计划的公司并不多，国内选择在使用该方法测量管理者过度自信时通常会进行一些调整[137]。例如，采用管理者持有本公司股票数量的变化来测度其过度自信[138, 139]，葛菲等人在分析 CEO 过度自信与企业国际扩张关系时，就选用 CEO 持股占公司总股本的比重进行衡量[140]。

方法二：基于媒体对 CEO 报道的测量方法

该方法是马尔门迪尔（Malmendier）等人对前期工作的补充。通过查阅各大媒体对公司 CEO 的报道，通过分析指出该公司 CEO 自信（或不自信）的文章数量的百分比来判断公式的 CEO 是否为过度自信[141]。这种方法通常与方法（一）结合起来使用。希尔施莱弗（Hirshleifer）等人在探索公司 CEO 的过度自信与企业研发之间关系的时候就采用这种方法来测量 CEO 的过度自信[142]。Chen 等人在研究过度自信的公司 CEO 在面对纠错性反馈信息的反应时也采用这种测量方法[100]。这种方法在国外的应用比较广泛，但是由于国内相关软件和数据库的缺乏，可操作性较差，因此在国内使用较少。

方法三：基于上市公司盈利预测偏差的测量方法

该方法是林岳祥（Yueh-hsiang Lin）在对管理者过度自信与投资决策之间的关系时首次提出来的。Lin 等人认为，如果 CEO 具有过度自信的特质则更倾向于在对公司盈利进行超出实际的预测，且关于公司盈利的预测是上市公司需要在财报中公布的，因此数据的可得性也能够保证[143]。由于测量数据容易获得，且该文章的研究样本是中国台湾的公司，因此该测量方法被国内很多学者采用。与方法（一）的情形类似，国内的学者在采用这种方法的时候也根据国内的实际情况对该方法作了一定的调整。周杰等人就指出，我国上市公司的业绩预告大多是在临近实际业绩披露时所发布的，主要根据该年前期的经营状况和合同执行状况进行判断，并非单纯地对未来时期经营状况的一种预测。该指标仍然存在着一定的偏差，因此采用上市公司对下一年度销售收入的预测值和实际值的比较结果作为判断上市公司管理者是否过度自信的依据是比较合适的[144]。肖峰雷等人提出选取每股收益作为校准，通过考察管理者在考察年份中是否因为发放红股或业绩股增持公司股票来判断管理者是否具有过度自信[145]。胡国柳等人在研究高管过度自信程度、自由现金流与过度投资之间的关系时也对该方法进行了调整[146]。张明等人在研究管理者过度自信与公司避税行为时根据上市公司的年度盈利预测是否圆满完成来判断上市公司的管理者是否过度自信[147]。

方法四：基于企业高管的相对薪酬的测量方法

海沃德（Hayward）等人在其研究中指出，CEO 相对于公司其他管理者的薪酬越高，说明 CEO 的地位越重要，CEO 就越容易表现出过度自信[148]。因此通过测量公司高管薪酬相对于其他管理者的高低程度成为衡量企业高管是否过度自信的一种方法[149]。由于数据的可获得性，国内也有一些学者采用这种方法对公司高管是否具有过度自信进行测量。例如梁上坤在研究管理者过度自信对公司成本性态的影响的时候就采用了这种测量方法[150]。辛冲等人在研究领导者过度自信与新产品开发绩效之间的关系时也根据领导者的相对薪酬测量一家企业领导者过度自信的程度[151]。海本禄等人在分析高管过度自信与企业绩效关系时，就把计算薪酬最高的前 3 名高管薪酬之和除以所有高管薪酬总额的比例作为度量管理者过度自信的指标[152]。

方法五：基于行为实验的测量方法

前述过度自信的测量方法主要针对公司高管，对于普通大众采用持股行为、媒体报道或者相对薪酬等测量方法并不适用。基于行为实验的测量方法刚好填补了这一空缺。这种方法的操作流程是：首先询问被试者一些问题，例如"新加坡的人口是多少""罗马和檀香山哪个离芝加哥更远"，然后让他们自行估计答案的准确性，最后通过对比被试者估计的准确性和真实的准确性来判断被试者是否具有过度自信。这种方法由于更具有普适性而被广泛采用。柯（Keh）等人在研究人们在风险环境中对机遇的评估时就采用了这种方法[153]。布伦纳（Brenner）在回应以往关于过度自信的相关偏见时也使用了这种方法[154]。柯（Keh）在研究创业人员的过度自信对创业机会的识别时也采用了这种测量方法[155]。该方法用于测量过度自信所提出的问题通常都是具有普遍性的，可知这种测量方法针对性不强，并不是针对某一个专业问题而开展的。很多文章也给出解释，认为因为 CEO 在做出决策的时候往往面临的都是一些不确定的环境和大量普适性的信息，所以采用这种普适性的问卷是可以的。对于一些不是 CEO 的人，比如顾客用这种方法可能也是行得通的。但是对于一些特定专业的人，例如铁路建设过程中的专业人士，对于他们过度自信的调查可能就需要分专业，而不是提一些普适性的问题了。

方法六：基于路径依赖的测量方法

该方法认为，如果一个公司的 CEO 在之前的工作中取得成功，或者媒体对其管理行为的报道大多为正面，或者其工资水平较高，那么可以推断该公司的 CEO 是具有过度自信的。海沃德（Hayward）在对 106 次大型企业收购案例进行分析时就用该种方法测量 CEO 的过度自信水平[148]。这种方法实际上是对其他几种方法的综合，但由于新闻报道方面的数据难以搜集统计，因此在国内使用并不广泛。

正如前面提到的，由于国内环境的特殊性，很多国外使用的过度自信的测量方式在国内并不适用。因此，基于本国市场的特殊情况，一些学者也开发了新的衡量国内企业管理者过度自信水平的方法。比较得到学术界广泛认同的是余明桂提出的通过国家统计局网站公布的企业景气指数和上市公司年度业绩预报对管理者的过度自信程度进行测量[156]。徐飞等人从 CEO 投资融资风格和个人特质中推断其过度自信程度，具体包括超额投资、产权比率、年龄、两职合一等子维度[157]。

从现有文献来看，对于过度自信的研究主要集中在工商管理、财务管理、金融投资等领域。这些研究涵盖了过度自信在企业经营决策、股票市场交易等方面的影响。在项目管理领域，对过度自信的研究更多与技术创新相结合，着眼于高管的过度自信对企业创新绩效等方面的影响。然而，在复杂产品风险管理领域，对于行为人过度自信特征的研究却十分有限。复杂产品开发涉及诸多组织和合作伙伴，存在多方利益和技术交叉的复杂性。在这样的背景下，行为人的过度自信可能会对风险管理产生重要影响。比如，项目决策者可能高估了项目的成功概率，导致项目执行过程中未能充分应对潜在风险。此外，供应商和合作伙伴在合作关系中的过度自信也可能影响项目的整体效率和成功。因此，深入研究复杂产品风险管理领域中的过度自信现象，对于有效防范风险、提高项目成功率至关重要。在未来的研究中，可以探索更多行为人过度自信特征对于复杂产品风险管理的影响，以及如何通过激励机制等手段来降低其潜在的负面影响。

2.3 风险及风险治理

2.3.1 风险

英国社会学家安东尼-吉登斯（Anthony Giddens）的研究指出"risk"一词源于西班牙的一个航海术语，意指遇到危险或触礁。我国"风险"一词也是源于古时候渔民在捕鱼过程中遭遇大风天气而带来的损失。虽然风险这一词语已经具有非常悠久的历史，但无论是国内学者还是国外学者至今对风险的概念都没有统一、明确的表述。任意翻开两本与风险相关的书籍，都会发现作者对于风险定义的描述存在差异。当前，风险的定义在学术界仍然没有一个统一、确定的表述。不同的研究人员或者管理机构根据自己的工作需求对风险的定义也不完全相同。例如，卢曼（Luhmann）在他的著作中指出，风险是由决策者的决策行为引发的意外的、小概率的、具有有害后果的可能性[158]。艾文（Aven）认为风险是指与人类价值相关的活动或事件的结果，这种结果通常是不利的[159]。世界风险治理委员会（IRGC）也认同这一风险定义[160]。我国学者王周伟则认为风险是指一个事项（事项是指源于内部或外部影响目标实现的事故或事件）的未来发生具有不确定性并对目标实现具有负面影响的可能性与后果[161]。关于风险定义呈现出的百家争鸣的态势，段秉乾和李春友在他们的博士论文中进行了非常详尽的梳理和分类，本书第 1 章中也有阐述，此处不再赘述。

本书采用斯坦利（Stanley）和约翰（John）对风险的定义：风险的概念包括不确定性，也包括可能受到的某种损失或损害，即风险 = 不确定性 + 损失[1]。此种定义也是复杂产品研制过程中各参与单位普遍接受的一个定义。

2.3.2 风险治理

治理理论源于西方的公民社会理论，其兴起却得益于 20 世纪 90 年代传统国家与社会的二元分化认识框架在分析现实经济社会问题上的局限[162]。20 世纪 80 年代，治理的概念在与技术开发相关的研究领域中流行起来，并很快被其他领域采用。在过去 10 年中，这个词在国际关系、政策科学、环境研究和风险研究等领域的文献中非常流行[163]。

"治理"在社会科学中意为指导和约束群体行为的正式或非正式的制度与流程的总和。与管理相比，治理更关注于行动者的角色及其行为模式的多样性，它意味着要分析行为者行为背后的逻辑、行为者之间的相关作用关系以及因为相互作用而产生的动态网络。全球治理委员会对治理做出了如下界定，治理是各种公共的或私人的个人和机构管理其共同事务的诸多方式的总和。它有 4 个特征：治理不是一整套规则，也不是一种活动，而是一个过程；治理过程的基础不是控制，而是协调；治理既涉及公共部门，也包括私人部门；治理不是一种正式的制度，而是持续的互动。我国著名学者俞可平认为，"治理的实质在于建立在市场原则、公共利益和认同之上的合作。"从这些论述中可以看到，对于治理而言，更侧重于在管理事务中的流程以及处于该流程中的行为人相互之间的影响。

风险治理就是把治理原则（Governance principles）应用到风险的识别、评估、管理和沟通的过程中[164]。风险治理是指一系列制度结构和政策实施过程的总和，这些制度结构和政策实施过程能够有效指导群体（包括各种组织和个人）在风险管理过程中的行为[163, 165, 166]。相比于风险管理更侧重于处理风险管理中的方法、技术等，风险治理更强调人、组织及其之间的关系，强调从制度和流程的视角有效设计、影响和利用人和组织之间的多边关系[167]。所以，风险管理更"硬"风险治理更"软"。简而言之，风险治理就是对从事风险管理工作的人或机构的管理。图 2-1 直观展示了本书关于风险管理和风险治理之间的区别。

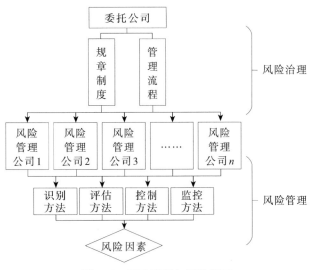

图 2-1　风险治理与风险管理

起初，风险治理的理念在金融、银行方面运用较为广泛。例如，瓦拉斯卡斯（Vallascas）等人的研究表明，全球金融危机后，董事会独立性导致银行的风险承担更加谨慎[168]。巴塔利亚（Battaglia）和加洛（Gallo）对 2007 年金融危机中银行公司治理与系统性风险承担之间的相互作用进行深入研究后指出，董事会特征决定了银行的系统性风险，这种关系在很大程度上取决于银行的所有权集中度[169]。麦吉（Magee）等人研究发现风险治理指数越高的保险公司在金融危机期间表现越好[170]。乌马尔（Umar）等人研究了独立的风险管理委员会和风险治理多样性对伊斯兰银行风险承担的影响。研究结果表明，独立风险管理委员会的存在和风险管理委员会中哲学博士的比例与伊斯兰银行的风险承担存在显著的负相关关系，伊斯兰银行风险管理委员会中的外国董事比例与伊斯兰银行的风险承担之间存在不显著的正相关关系[171]。Zhang 等人在研究风险治理在经济不确定性与银行风险之间的调节作用时就选取了"是否设立了首席风险官""首席风险官的薪酬水平是否排在前五""风险委员会成员与董事会成员的比例""独立董事在风险委员会中的比例"等 10 个因素作为衡量商业银行风险治理水平的指标[172]。阿兰（Alam）和雷 – 贝内特（Ray-Bennett）针对孟加拉国山体滑坡造成严重伤亡这一事实，在文献综述的基础上，选取灾害风险治理的 9 个指标（问责、参与、协作、透明、信息共享、共同决策、沟通、领导和资源共享）对山体滑坡地区的灾害风险治理有效性进行评估[173]。为了捕获风险治理功能的强度和独立性，阿比德（Abid）等人在分析风险治理和银行风险行为时把与风险委员会和首席风险官的存在和特征相关的变量作为衡量风险治理水平的关键指标[174]。

随后，项目管理领域也开始把这一理念融入自己的研究过程中。国际风险治理协会（IRGC）于2005年提出了风险治理的框架，并在2009年提出了在风险治理框架运行过程中的常见问题及应对措施[160]。艾文（Aven）运用IRGC提出的风险治理分析框架对挪威巴伦支海域石油作业可能导致的环境风险进行了分析。通过实践案例的分析证明了该框架有能力帮助发现治理过程中的潜在缺陷和问题，并为处理难题提供指导[175]。范（Van）运用IRGC的风险治理分析框架对克莱斯顿港口的液化天然气开发项目进行了风险分析和评估[176]。治理这一主题在项目风险管理领域受到越来越多学者的关注，这反映了一个事实：即以纯技术为核心的项目风险管理研究领域在不断扩大，逐渐包含了以制度设计、流程设计、组织结构设计在内的风险管理问题[177]。

在复杂产品领域，从风险治理的角度研究风险管理问题的文章并不多见，虽然在复杂产品的研制过程中发生风险事件的概率更高且后果更严重。本书将从激励机制设计的角度出发，结合过度自信这一普遍存在的有限理性因素，努力探索在复杂产品的研制过程中过度自信对风险治理激励机制设计的影响机理。

合同作为激励机制最主要的载体是复杂产品研制过程中委托人和代理人之间的监督、激励、利益分配关系的集中表现。因此，本书对激励机制影响因素的探讨也是基于合同设计过程中常用的委托代理理论。因此，有必要在此对合同理论的相关研究成果进行梳理。

2.4 合同理论

自第二次产业革命爆发以后，公司所有权和经营权统一的古典资本主义企业被所有权与经营权相分离的"现代商业企业"所取代[178]。在现代商业企业中，最重要的合同关系存在于公司的所有者与经营者之间。如何降低代理成本使公司所有者的利益最大化是彼时众多经济学家孜孜以求的目标。在所有者与经营者之间的合同关系中，最大的"隐患"是信息不对称[179]。这表现在以下三个方面，每个方面都可能对企业的经营产生重要的影响。

1. 逆向选择

公司的所有者无法完全、准确地了解经营者的真实能力情况，加之经营者很可能会故意伪装以隐藏自己的真实水平，企业的所有者很难选择一个真正合适的经营者来经营企业，而真正合适的经营者有可能被拒之门外，导致逆向选择问题发生。当招聘经营者时，所有者通常依赖面试、简历和推荐信等信息来评估候选人的能力。然而，经营者可能有意隐瞒自己的弱点或过去的问题，以获得合同机会。这样的信息不对称可能导致企业所有者选择了表面上看起来合适但实际上并不具备应有能力的经营者。在实际运营中，出现管理能力不足、决策失误和绩效不佳等问题，从而对企业的发展产生负面影响。

2. 信息隐藏

信息隐藏是指经营者在合同执行过程中拥有更多的信息，而所有者则无法全面了解经营者的实际行动和决策。经营者通常会在日常运营中积累大量关于市场、供应链、客户需求、产品质量等方面的信息。这些信息对于企业的战略规划和决策制定至关重要。然而，由于所有者与经营者之间的地位差异，经营者可能不愿或不方便将所有信息都向所有者透露，导致企业的所有者很可能对企业的运营情况一知半解，在做决策时缺乏全面了解，导致采取不当的战略或决策，从而影响企业的发展和竞争力。

3. 道德风险

道德风险是指由于信息不对称，所有者无法充分监督经营者的行为，从而导致经营者可能出现道德失范或不诚信的情况[180]。这种"我不知道你在干吗"的情况会引发道德风险。由于企业的所有者无法完全知晓经营者的所有工作情况，如是否能全身心地投入工作中去、是否能把工作中的每一个问题都处理得妥妥贴贴，企业的所有者无法完全洞察，就算有技术能够让其完全洞察，其成本也是非常高昂的。当所有者无法全面了解经营者的工作表现和日常操作时，经营者可能会有意或无意地违反合同条款或公司政策，甚至可能涉及腐败行为。这种情况会给企业带来严重的负面影响，包括声誉受损、员工士气下降、客户流失等。

可见，信息不对称在所有者与经营者之间的合同关系中会引发严重的问题。为了最大程度地减少这些潜在隐患，合同双方应该加强沟通和透明度，建立良好的信任关系，并采用合适的监督和激励措施，以确保合同的有效执行和企业的可持续发展。经济学家提出了很多精巧的方程和模型来解决这些问题（即完全合同问题），但以威廉姆森为代表的学者提出，在完全合同的问题当中，至少在三个方面是不完全的。首先，他们忽视了为寻找一个合适的经营者所发生的"搜寻成本"。事实上，人力资源上的"搜寻成本"是如此之高甚至可以支撑起一个行业，即猎头行业。再者，在合同签订、执行的过程中，存在各种各样的不确定因素，自然风险、社会风险、经济风险等任何一种风险的发生都会给企业带来不容忽视的影响，况且很多时候不确定因素的影响结果还是系统性的。这部分预测各种不确定的"预测成本"是完全合同理论中未被考虑到的。这部分的费用依然非常可观，保险行业显然就是在这一区块中谋生的。第三，在合同的执行过程中，需要定期和不定期地视察工作人员的工作情况和工作成果，这就导致了"监督成本"的产生。完全合同中虽然提到了道德风险这一概念，但他们更多是通过激励机制的设置正向促进代理人努力工作，而监督并没有被完全考虑进去。事实上，这部分的费用也依然不容忽视，监理行业就是在这一管理缝隙中求得生存的。威廉姆森等人指出，这三个方面的成本就是交易成本,是由于人们的有限理性因素和机会主义倾向导致产生的。由于委托代理双方的有限理性使得他们很难对未来的不确定性因素做出完全预期,签订的合同不可能囊括所有的不确定性因素[181]。因此以往的完全合同实际上是不完全的。这为不完全合同理论的提出奠定了理论基础。

后来,格里斯曼、哈特和莫尔指出,既然在合同的签订、执行过程中有那么多的不确定因素没有写入合同中,当这些不确定因素发生时究竟由谁负责?在管理过程中如果出现分歧又由谁拍板呢?也就是谁在不确定因素发生时拥有决定性的权利?为了解决这些问题,他们提出了著名的不完全合同理论(GHM理论)。该理论把在不确定性因素发生时具有的决定性的权利称之为"剩余控制权",并指出剩余控制权归属于非人力资产的所有者。需要指出的是,GHM理论同样认为,交易成本产生的原因是当事人的有限理性因素。哈特认为,有限理性因素很难在正式模型中以变量形式表现出来,因此他们的研究更侧重于那些第三方(如法院)"可观察但又不可描述"的变量。

之所以用这么大的篇幅来描述完全合同理论向不完全合同理论演变的过程,除了论述合同理论在激励机制设计中的作用,还想说明在经济管理领域,有限理性因素一直是推动经典理论发展的动力之一。2001年美国经济学年会将约翰·贝茨·克拉克奖颁给研究行为经济学的经济学家马修·拉宾;2002年诺贝尔经济学奖授予了普林斯顿大学的丹尼尔·卡尼曼教授和乔治梅森大学的弗农·史密斯;2017年理查德·泰勒因把心理学的现实假设融入经济学的决定分析而获得诺贝尔经济学奖。把限理性因素考虑进经济管理领域的经典理论模型中已经不再是奇技淫巧,而是大势所趋。

在复杂产品的管理领域的研究还稍显滞后。目前,有大量的文献采用合同设计的相关理论对复杂产品研制过程中的行为模式展开分析。例如,陈洪转等人运用博弈论对复杂产品中"主制造商–供应商"协同合作模式的研究发现,主制造商通过分担供应商努力成本的激励措施可以有效地激励供应商的努力程度,实现在主制造商和供应商利益均增长的情况下达到帕累托改进[182]。罗岭等人通过运用团队合作理论和知识管理理论,建立了复杂产品研发绩效的博弈模型,分析了影响复杂产品研发绩效的主要因素[40]。为提升创新资源的配置效率、发挥政府补贴的杠杆作用,郑月龙等人构建了供应链与政府补贴的复杂产品共性技术协同研发信号博弈模型,并对双方策略选择及其影响因素进行了分析[183]。Zhou等人考虑多期决策,通过在集中式、分散式和合作式决策的基础上构建不同的模型研究了复杂产品系统中两个能力不同、具有竞争力的供应商与弱主制造商之间的战略合作以及收益分享合同的设计[184]。为解决传统的集中式系统或平台导致各利益相关方不愿意跨组织共享知识这一现实问题,Chang等人聚焦面向服务的决策过程,提出了一种协同知识共享框架和多通道分布式区块链网络,有效激励不同利益相关方之间的知识共享和维护[185]。

在复杂产品激励机制设计的研究领域，很少有研究考虑到行为主体的有限理性因素，特别是对于过度自信这一最为普遍、一致性最高、影响最广泛的有限理性因素。这一现象为我们撰写本书提供了一个难得的机遇。在复杂产品的激励机制设计中，过度自信可能导致决策者高估了自己制定的方案的成功概率，忽视了激励机制可能产生的负面影响。因此，本书将深入探讨过度自信这一有限理性因素在激励机制设计中的影响，以及如何通过有效的设计和改进来应对这一问题。通过对行为主体有限理性因素的深入研究，本书旨在为实践中的复杂产品激励机制设计提供新的思路和方法，以提高机制的有效性和可持续性，并促进相关领域的学术研究和应用实践的不断进步。

2.5 社会网络理论

20世纪30年代，为研究社会关系和社会关系中个体的网络特性，莫雷诺（Moreno）和卢恩（Lewin）等人提出了社会网络分析（Social Network Analysis，SNA）[186, 187]。最初的社会网络分析主要是通过图形来表现人与人之间的社会关系，图形中的点代表行为主体，点与点之间的连线代表了行为主体之间存在互动关系。后来图论的引入让社会网络分析从定性研究发展为定性和定量研究相结合，提出了网络密度、距离、网络中心性等一系列定量化描述网络的概念。在疾病传播、人际关系、互联网、组织知识共享研究等复杂网络及关联方面，社会网络分析得到了广泛应用。渡边（Watanabe）等人利用社会网络分析法对两个多品牌零售商零售网络中的消费者社交行为进行了分析，研究发现虽然品牌能够通过数字平台传递信息，但它们对网络内的传播可能只有有限的控制[188]。为了解发展中经济体的企业如何利用社会网络中嵌入的社会资本获取社会可持续性知识，瓦杜德（Wadood）等人对巴基斯坦主要工业城市的204家制造公司的原始数据进行了深度研究，发现关系治理和契约治理机制与网络的各个结构面相互作用，导致不同程度的社会可持续性相关知识获取[189]。金（Kim）和皮尔尼（Pilny）利用企业社交媒体作为社会润滑剂、渗漏管道和回音室的三个隐喻，研究了企业社交媒体的不同使用模式及其对分布式工作者社会网络的影响，并通过对一家全球高科技组织收集的完整网络数据进行分析，发现企业社交媒体在全公司范围内的通信与全球分散的工人的网络规模和外部连接都呈正相关[190]。He等人以社会网络分析法研究了2000~2019年15个具有代表性的全球科技枢纽的全球科学网络结构与特征，发现全球科学网络具有等级结构和明显的地域性特征。他们根据全球科学网络的结构和特征提出了全球科技中心的知识流动和管理模型，有助于加强全球科技中心在其他前沿技术领域的知识管理和网络协作[191]。为便于决策者能够更好地管理社会风险，Li等人基于文献综述和43个基础设施案例，识别了9个社会风险因素和12个与这些社会风险相关的利益相关者，并结合社会网络分析法分析社会风险的产生和发展过程[192]。

随着复杂产品的复杂程度日益加剧，需要确定的指标不仅种类越来越多，涉及的技术知识的范围也越来越广，通常需要不同组织共同协作、各施所长。组织之间频繁的信息交流使相互之间的关系呈现出网络结构，通过社交网络分析对其进行研究就显得非常必要[193, 194]。近年来，在复杂产品的研制过程中也开始出现社会网络分析方法。多安（Dogan）等人就通过社会网络理论对某大型机场建设项目的交流网络展开研究，提出了一套简单有效的协同绩效评价方法[195]。索萨（Sosa）等人通过静态网络分析探索了产品架构和组织结构之间的匹配度对复杂产品开发绩效的影响[196]，并用社会网络理论对复杂产品组件级别的模块化进行了定义和量化[197]。戈克皮纳尔（Gokpinar）等人运用社会网络理论分析了复杂产品的产品构架和组织沟通之间的匹配度与产品质量之间的关系[198]。Liu 等人基于 SNA（social network analysis，社会网络分析）方法，研究了 2003—2010 年中国建筑业承包商合作结构的演变过程[199]。Hossain 等人运用 SNA 分析了网络中心性与项目协调效率之间的关系[200]。Son 等人运用社会网络分析工程项目建设中的网络效率、网络稳定性和网络凝聚力等进行分析[201]。李永奎等人基于社会网络分析理论，分析了复杂项目组织权力和关系的联系以及权力量化方法，并以 2010 年上海世博会工程建设组织为例，分析正式组织结构和组织社会网络结构下的权力界定区别，并进行两种视角下权力的比较[202]。Xia 和 Xiang 基于社会网络分析理论开发了一种动态分析方法，探讨大型项目关键社会风险因素与相关利益相关者的动态关系，并构建了不同利益相关者的管理路线图。结合对我国 40 个大型项目的研究发现，地方政府在整个项目生命周期中都是关键的利益相关者，信息宣传不充分和沟通协调机制不完善是整个项目生命周期的关键社会风险源[203]。

既有研究很少在网络分析的过程中考虑到人有限理性的影响。在传统的社交网络结构分析中添加情感、行为和认知能力将是社会网络分析后续的研究方向[204]。例如，马沙耶赫（Mashayekhi）和赫德（Head）通过对 377 名领英用户进行调查研究，分析了用户的行为（感知个人资料披露、主动参与和被动消费）对感知社会联系影响机理，探索了社会资本在个体社交网络中形成过程[205]。佩雷斯－费尔南德斯（Pérez-Fernández）等人基于特质激活理论，以西班牙 597 名大学生为样本，研究了社会网络与个体成就需求的相关性，探索了如何触发个体成就需求来预测创业意向[206]。皮涅罗－乔萨（Piñeiro-Chousa）等人采用面板数据分析的方法，研究了从社交网络中提取的投资者情绪对绿色债券市场的影响[207]。

本书在对复杂产品研发阶段展开研究时把过度自信这一有限理性因素的纳入分析结构中，为探索过度自信对复杂产品研发阶段激励机制设计的影响提供了新的视角，也能为后续复杂产品和社会网络方面的研究提供参考。

2.6 文献评述

通过梳理现有文献可以发现，既有文献在复杂产品、过度自信、风险治理、合同理论以及社会网络理论等领域各自开展了一系列深入细致的研究，形成了丰硕的研究成果，为本书的撰写奠定了扎实的理论和方法基础。然而，很少有研究将这几个方面结合起来，分析过度自信这一有限理性因素对复杂产品风险治理的影响。

1. 有必要从激励机制构建的角度分析复杂产品研制过程中的风险治理问题

目前关于复杂产品风险管理的研究更多从传统的风险管理角度出发，对复杂产品研制过程中的风险进行识别和评估，分析风险应对的措施，但从风险治理的角度进行分析的并不多见。然而，人作为风险管理工作中最为活跃也最为重要的因素，也应被纳入风险管理的过程中。激励机制作为人员管理过程中最为重要的手段，是建设激励和监督行为人风险管理工作的管理制度的重要工具。从激励机制的角度分析复杂产品的风险治理问题将有助于实现对风险管理从业人员的高效管理，确保风险管理工作的准确性和有效性。

2. 有必要把行为人的过度自信纳入复杂产品风险治理的分析框架

目前风险管理领域已经开始分析人的各种特质对风险管理工作的影响，其中也包括过度自信。然而，在复杂产品领域鲜有文献对此进行探索和分析。在本章第二节已经论述了过度自信这一有限理性因素存在的普遍性以及对风险管理工作的重要性。可见，有必要在复杂产品的风险治理分析框架中考虑过度自信这一因素的影响，为有效预测行为人在风险管理工作中的行为提供理论支撑，进而提升风险治理过程中激励机制设计的有效性。

3. 有必要从生命周期的视角对复杂产品不同研制阶段的激励机制设计展开分析

复杂产品组织结构及其特征在不同的研制阶段具有显著的差异，因此在分析的过程中有必要对不同阶段的组织结构进行有针对性的分析。既有文献中虽然也从组织角度对复杂产品的研制过程进行相关研究，但主要还是聚焦于复杂产品的创新管理和知识管理等领域，也较少从不同阶段进行分析。因此，在现有文献的基础上，从生命周期的视角对复杂产品的治理工作展开分析是非常有必要的。

本书将从以上三个方面出发，在把复杂产品研制阶段分为研发、设计、生产三个阶段的基础上，探索不同阶段的组织结构特征，构建反映行为人过度自信的激励机制模型，探索过度自信对复杂产品风险管理激励机制的影响，努力为复杂产品的风险治理工作提供有价值的管理建议，也希望能为后续的研究提供不一样的研究视角。

第3章　复杂产品风险治理组织结构特征分析

近年来，我国在复杂产品的研制过程领域取得了丰硕成果，但在经验总结、制度建设以及管理理论创新方面还明显不足。面对一个新的具有诸多风险因素威胁的复杂产品，如何科学、有效地组织相关人员开展风险管理工作依然缺乏系统方法。实际情况是，大部分专家乐于分享他们在风险管理工作中的真实故事，即他们所经历或者记住的案例，但他们并不擅长从过往的风险管理工作中总结经验和规则。因此，大多数复杂产品的风险管理工作都是参考其他类似项目，甚至直接调用以往复杂产品风险管理工作中表现优异的人才。众所周知，基于既往经验与考察借鉴的防范带有极强的主观性与不稳定性，缺乏严谨的科学理论支持[208]。在目前复杂产品的研制过程中，急需对现有经验进行总结梳理，构建复杂产品的风险治理模型，为后续复杂产品的研制提供有价值的参考。

"模型"（或模式）通常描述和刻画一个不断重复发生的问题以及解决问题的核心方案，使用者可以多次反复地使用该方案避免重复劳动[209]。通过对以往研究成果的梳理以及我国复杂产品研制过程中风险管理实践的探索发现，一方面，虽然有文章对我国重大项目组织结构进行梳理、探索和分析，但是具体到风险治理方面却鲜有文章；另一方面，虽然在复杂产品风险治理实践中衍生出了各种风险治理模型，但是这些模型大多是照搬以往成功的风险治理模型。在一定程度上，我国复杂产品风险治理的实践走在了理论的前面，但对风险治理模型形成和选择的规律性探索还有待丰富。

经过对兰新高铁、拉日铁路实地调研，多次与参与京沪高铁建设的人员进行访谈，并收集、整理、分析了与C919商用大飞机研发相关的资料之后，我们发现复杂产品研制的过程工作通常包含操作、设计和研发三个阶段。研发阶段主要负责对该复杂产品风险因素处理过程中的新技术、新材料、新工艺、新设备等进行研发，相应的研发成果会融入设计阶段的设计成果中，最后设计方案会移交到操作阶段的操作工人手上，由操作工人来落实各项措施。在每个阶段中都有相应的风险因素，需要有针对性地开展风险管理活动。

本章将对兰新高铁风险管理进行单案例研究，总结和梳理出适用于我国国情的复杂产品风险治理三级理论模型并分析每一层级风险管理组织结构的特点。

3.1 文献研究

3.1.1 复杂产品的组织结构

组织结构是组织中对工作角色的正式安排和对包括跨组织活动在内的工作进行管理和整合的机制[210]。随着技术要求的不断提升，复杂产品的功能结构日益复杂，以往常见的分层式和功能式组织结构已不再适应快速变化和高度复杂的产品，转而开始采用项目式的组织结构。复杂产品研制过程中的组织结构不仅具有非线性协同的特征[211]，也具有明显的阶段性演化和协同的特点以及组织行为特征[212, 213]。

既有许多研究开始关注基于项目的组织结构，以提高灵活性和快速响应市场需求。Deng 等人在对传统模型进行修正的基础上，构建了与复杂产品匹配的动态组织模型，提出了项目过程和业务过程结合的过程模型。并以北京城市轨道交通控制系统为例，对复杂产品的创新过程进行了深入分析[214]。邹树梁等人分析了复杂产品系统组织模式的影响因素，指出越来越多的因素导致复杂产品的组织结构朝着"应变"和"扁平化"的角度发展，其中，网络结构正成为一种适应性强、灵活性高的组织结构，并因此备受青睐[215]。杨瑾分析了复杂产品设计与制造的特点以及集群供应链系统组织的特征，据此提出了适合复杂产品设计、制造与产品服务的集群供应链系统两阶段组织模式，并根据集成程度将集群供应链的组织模式划分为战略级、项目级、专业产品级和过程级四种模式[216]。

近年来，开始有学者从网络的角度分析复杂产品的组织结构。例如，卡恩（Kan）等人以复杂生产系统为研究对象，提出了复杂生产系统独特的学习动机机制和交互机制，开发了基于区间值直觉不确定语言（IVIUL）算子的优选算法，构建了多组织知识学习超网络模型。通过仿真实验研究了优先参数对学习性能的影响。研究发现，项目组的特征对超级网络的学习提升速度有重要影响[217]。乐承毅等人在分析复杂产品系统中的知识管理活动的基础上提出并构建了跨组织知识超网络模型[42]。

既有研究中直接针对复杂产品的组织结构进行阶段性划分的并不多见，从风险治理的角度展开相关研究的则更少。然而，复杂产品的研制过程中充满了各种风险因素，有必要对其进行系统性分析。

3.1.2 组织结构演化

组织结构并不是一成不变的。随着企业业务、项目的进展发生改变，相应的组织结构也会做出调整。组织结构也会在不同的组织间传播，随着不同组织之间的沟通频率增加，各个组织的结构也会发生潜移默化的，甚至有目的的调整[218]（组织之间的相互交流也是导致组织的结构发生变化的原因，且不同的沟通模式对组织结构调整程度以及调整速度的影响结果也不尽相同）。环境的不确定性也会导致组织结构发生变化。Liu 和

Zhang 以大众媒体组织为研究对象，分析了在数字媒体和移动同行技术不断发展的时代背景下，大众媒体组织结构的演变过程，进而指出对于混合型组织而言，通过增强组织结构的不确定性可以有效应对来自制度环境的不确定性[219]。组织间的合作与组织内部的决策相互作用，影响组织结构的演化。阿玛蒂（Amati）等人通过一个动态的多层次框架，分析了组织间网络和内部组织结构的相互依赖关系[220]。企业的战略转型也会受到企业组织结构的影响。在企业战略更新的过程中，组织结构会做出相应的调整，这种调整还会反过来影响企业的战略更新[221]。这种复杂的互动关系是企业在应对环境变化时策略选择的结果。卢艳秋等人以海尔集团为研究对象，从战略导向与组织结构的交互作用出发，分析归纳了企业动态能力的演化机制。研究指出，企业的战略导向和组织结构相互作用，导致组织学习的方向发生变化，组织的资源和权力分配随即作出相应改变，从而导致组织的动态能力不断演化[210]。同样，对于如何决定 IT 部门是企业的利润中心还是成本中心也会影响到 IT 部门组织结构以及 IT 服务质量的变化，进而影响企业在市场中的战略定位[222]。

正是因为复杂产品在研制过程组织结构会不断演化，组织结构才会呈现阶段性的特征。然而，现有文献中很少有学者针对复杂产品组织结构的阶段性特征进行分析，但在其他领域，如技术创新、区域经济发展等方面，已经有学者从阶段性的角度对组织结构进行解剖和分析。例如，苏屹等人借用生命周期理论，分析了区域创新系统，将其组织结构分为萌芽期、高速发展期、成熟期 3 个阶段，并概括了各个阶段的特征[223]。Yu 等人将社区体育组织（CSO）的发展分为了三个阶段：第一阶段，主要目标是维持生存，并应通过组织以在线非奖励活动为主来节约资源，并辅之以奖励活动，以保持成员的黏性。第二阶段，组织将追求拓展，通过有奖励线下活动吸引新成员。同时，还应辅以附带奖励的在线活动培养长期习惯和用户留存率。第三阶段，成长型事件的数量大大超过了形成事件的数量，增长成本变得更高。为了实现进一步发展，必须促使现有成员引入新成员，以便更好地利用民间社会组织的有限资源[224]。Yang 等人在分析疫情的不同组织之间的合作关系时，根据疫情暴发阶段、初步控制阶段、衰退阶段和常态化阶段对抗击疫情时形成的组织结构进行划分，探索了组织结构的演化机制[225]。这些文献为本章的研究提供了分析视角和研究方法。本章将对复杂产品研制过程划分为不同阶段，并对不同阶段中组织结构的特征展开分析，为后续的研究提供现实支撑。

3.1.3 文献评述

复杂产品的研发和制造涉及多个环节和多个利益相关者，因此需要建立有效的风险治理组织结构。早期的研究主要关注传统的层级式组织结构，但随着市场竞争的加剧和技术进步的推动，基于项目的网络化的组织结构逐渐成为主流。这种趋势促使企业更加注重风险治理和创新能力。

既有研究指出，组织结构与复杂产品风险治理的绩效紧密相关。灵活性强、高度集成的组织结构通常更有助于提高复杂产品风险治理的绩效。然而，组织结构的过度集中或过度分散均可能对风险治理带来负面影响。在现实复杂产品的生产过程中已经有很多成功的实践经验。因此，对现有的复杂产品研制过程中的风险治理组织结构进行分析，总结归纳其有效措施将为后续复杂产品的顺利研制提供参考。

3.2 研究设计

本章以新建兰新铁路第二双线（新疆段）为代表案例展开研究，采取文本搜集和专家访谈结合的方法收集数据。

3.2.1 案例研究方法与样本选择

在复杂产品的研究中多采用案例研究的方法。鉴于复杂产品规模大、单价高、小批量、定制化生产的特征，针对复杂产品的研究多采用单案例的方式进行[226, 33]。本章的研究也采用探索性案例研究方法。选择兰新铁路第二双线（新疆段）为研究样本，主要有以下两个原因：

首先，案例样本的选择与理论目标相匹配。新建兰新铁路第二双线（新疆段）途经多个大风区，这一风险因素要求线路在研发、设计和建设的每个阶段都要做好风险管理工作，与本书所要探索的风险治理模式不谋而合。

其次，案例样本具有典型性和普适性。在大风区建设和运营高速铁路面临一系列技术难题，在保证大风天气下行车安全的同时提高运输效率，不仅需要技术上的突破，也需要在管理制度上进行创新。作为世界上一次建成通车距离最长的高速铁路，新建兰新铁路第二双线在研发、设计和建设的各个阶段都实现了有效的风险管理。这些风险管理措施的成功实施不仅确保了新建兰新铁路第二双线的顺利建设和运营，也为其他地区高速铁路的建设提供了借鉴。

3.2.2 数据搜集与分析

本研究的数据搜集采取文本搜集法和案例访谈法相结合的方式，主要原因包括以下两个方面：

首先，在新建兰新铁路第二双线（新疆段）的建设过程中形成了大量的文本资料，包括标准化管理手册，各标段、咨询公司、设计公司以及兰新公司各部门的工作总结、验收报告、科研报告、上级单位下发的通知、会议纪要、新闻报道等。通过对兰新公司和各建设标段进行走访，项目组搜集了100多G的文字和图片资料，这些资料为复盘兰新铁路第二双线（新疆段）的建设过程提供了坚实的文献支撑。

其次，对文件材料的阅读并不能解决所有的问题。事实上，一方面搜集到的数据不仅体量大而且结构杂乱，如何识别兰新铁路第二双线（新疆段）建设过程中组织结构的特征以及变化过程？亟需一线的工作者给予聚焦和引导。而且，在阅读相关文件的过程中，一些关于文件背后决策逻辑的问题逐一涌现。这使得我们有必要对相关人员进行案例访谈，了解管理决策背后的思路。

课题组先后三次到项目建设现场走访调研，对一线项目部的领导、兰新公司的管理人员以及设计单位的从业人员进行案例访谈。三次调研采集到的信息不仅为重现兰新铁路第二双线（新疆段）的建设过程提供了强有力的支撑，也为资料的整理和分析提供了清晰的思路。

本研究的数据分析建立在对文本数据和访谈数据实证分析的基础上，主要目标是识别兰新铁路第二双线（新疆段）在研发、设计和施工过程中的组织结构。具体分为3个步骤展开，步骤1：对搜集到的文本数据进行分类整理，筛选出与组织设计相关的材料，并从研发、设计和施工3个阶段对相关资料进行整理。步骤2：分析不同阶段各参与单位之间的合作关系。通过对会议纪要、工作总结和合同文本的分析，课题组梳理各单位之间的合作关系。在此基础上绘制3个阶段的组织结构图，分析不同阶段组织结构的特征。步骤3：从组织结构的角度分析研发、设计和施工3个阶段的互动关系。通过分析建设过程中的关键活动，沿着建设过程中的决策逻辑线发现关键活动之间的关系，提出兰新铁路第二双线（新疆段）建设过程中研发、设计和施工3个阶段的互动关系，构建复杂产品跨生命周期的组织结构，分析组织结构在不同生命周期中的演化和互动机制。

3.3 案例研究

3.3.1 案例分析

新建兰新铁路第二双线正线全长1776km，其中新疆境内线路长度710km，是亚欧大陆桥快速通道的重要组成部分。线路通过甘肃境内安西风区和新疆境内的烟墩风区、百里风区、三十里风区、达坂城风区5大风区。全线大风区线路的长度合计579.599km，占线路总长的32.8%。新疆境内线路通过大风区长度462.409km，占新疆段线路总长的64.8%。甘青境内防风工程长117.19km，新疆境内防风工程总长462.409km。新建兰新铁路第二双线在新疆境内长大段落通过风区，区内风期长、起风快、风速大，既有兰新、南疆铁路遭受风灾严重，给铁路运营带来巨大损失。新建兰新铁路第二双线速度目标值高、运营车体轻、项目施工难度大、有效工期短，同时面临列车倾覆、轨道积沙、沙石击碎玻璃、接触网受流不稳、列车停运、限速天数多等问题，无论是在施工过程中还是在后续线路运营过程中，大风天气都将造成严重影响。

为解决高标准铁路在大风环境下的施工、运营的安全和效率问题，兰新铁路新疆有限公司提出了"防风综合技术措施研究""大风、高温差戈壁地区工程沉降变形评估及长期监测技术研究""兰新第二双线高标准铁路沙害防治对策研究""戈壁地区高速铁路路基关键技术研究"4个科研课题，并组织西南交通大学、兰州交通大学、中南大学、中铁西北科学研究院等机构开展相应的研发工作。通过多次召开科研成果转化会议，把各研究机构的科研成果分批、逐一转交给设计单位和咨询单位，使其在设计成果中得到充分运用。最后，相关防风措施通过设计单位和施工单位之前的技术交底环节，落实到具体的施工工作中。在这个过程中，防风的各项措施从无到有，新技术、新工艺、新材料和新方法的信息从研发阶段经过设计阶段最终落实到施工阶段，兰新铁路第二双线（新疆段）建设过程中的三级风险治理模型如图3-1所示。

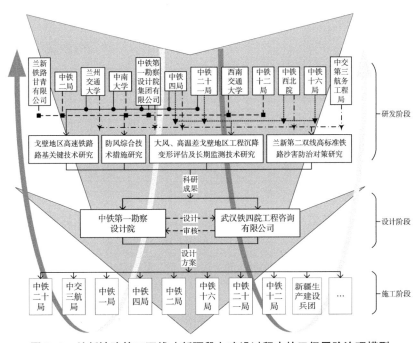

图3-1　兰新铁路第二双线（新疆段）建设过程中的三级风险治理模型

兰新铁路第二双线（新疆段）建设过程中的三级风险治理理论模型的背后是典型的复杂产品风险治理理论模型。这是一个动态的、跨项目生命周期的，包含研发、设计和施工3个阶段的风险治理模型。早在项目的可行性研究阶段，中铁第一勘察设计院集团有限公司（即后来的设计单位）就对沿线的自然环境、地质情况进行了踏勘，对大风天气这一风险因素有了初步了解。结合以往设计工作的经验，中铁第一勘察设计院集团有限公司提出了初步的、需解决的技术难题。这些工作为后续研发层面的工作提供了初步方向。随着项目进入设计阶段，设计工作逐步推进，关于大风天气的信息资料逐步完善，研发层面的工作也有了新的进展，设计和咨询单位对于大风天气的技术需求、工艺需求甚至工期、质量要求有了新的认识，这部分信息又反馈给参研单位，使研发工作与现实情况紧密贴合。项目进入施工阶段后，新的问题（例如哪些地方适合设置排水沟、接口工程与防风工程如何互不干扰、是否以及如何设置防风明洞、如何确保线路不被风沙侵蚀等）出现，设计单位在与施工单位的沟通过程中了解现场实际情况，一方面设计单位与咨询单位一起对之前的设计方案进行修改；另一方面，将一部分技术需求反馈给参研单位。在项目生命周期的每一个阶段，研发、设计和施工都有新的关于大风天气的信息出现，信息在组织结构中流动，新的解决思路逐渐形成并在修订的解决方案中落实，逐步使大风天气这一风险因素被控制到可以接受的状态。

在兰新铁路第二双线（新疆段）建设过程中，每个阶段风险管理工作的内容和特点差异较大，各阶段内部的组织关系也有明显差异。从图 3-1 可以看到，在研发阶段，各参研单位之间密切合作。通常一个科研项目会在一个牵头单位的领导下由多个参研单位共同研发完成。以课题"防风综合技术措施研究"为例，该课题由中铁第一勘察设计院集团有限公司牵头，兰新铁路甘青有限公司、中铁二局、中南大学、西南交通大学、中铁十二局共同参与完成。在技术突破的过程中，各参研单位密切协作，共同分享在技术研发过程中的新发现和新成果。与此同时，中铁第一勘察设计院集团有限公司还参与了科研项目"戈壁地区高速铁路路基关键技术研究"和"兰新第二双线高标准铁路沙害防治对策研究"，西南交通大学还与中铁西北科学研究院、中铁十六局等共同参与了科研项目"大风、高温差戈壁地区工程沉降变形评估及长期检测技术研究"。可见，在研发阶段，各单位之间的合作关系非常密切，两个单位共同出现在不同的科研项目中是非常常见的情况。一个参研单位在一个科研项目中可能扮演着领导者的角色，但在另外一个或几个科研项目中又扮演着协助者的角色。参研单位之间的合作关系呈现网络化、扁平化的特征。

在设计层面，中铁第一勘察设计院集团有限公司提出设计方案之后，将相关的图纸交由咨询单位武汉铁四院工程咨询有限公司进行审核。咨询公司对每一份设计图纸进行审核。审核过程中，设计单位和咨询公司之间频繁交流，针对每一个设计的疑问均形成书面的审核意见及答复。在新建兰新铁路第二双线（新疆段）的咨询工作中，仅站前工程就提出审核意见 4930 条，可以说，最终定稿的设计图纸是设计单位和咨询单位相互合作共同完成的，这一层面的企业之间主要呈现两两合作关系。例如，咨询公司在对图纸进行审核之后就线路排水问题提出"因新建兰新铁路第二双线（新疆段）处于寒冷风沙地区……风沙或将导致集水井堵塞。建议本线……路基曲线段线间集水井应根据线路情况采取防冻或防堵塞措施,以免集水井受冰冻或风沙而堵塞影响排水"。随后设计单位做出答复"……轨道积沙主要通过防沙设施进行防沙,集水井的主要功能是排水,由于水流需进入集水井,少量沙子难免会进入集水井内,考虑本线所处的干旱风沙区的特点,对于集水井内存在积沙时进行清除"。可见,通过设计公司和咨询公司之间的密切合作,可以有效降低风险防止过程中存在的疏漏,为确保项目的顺利实施排除风险隐患。

施工阶段,兰新铁路第二双线(新疆段)的站前工程总共有9个标段由9家施工单位完成。考虑到大风天气对线路建设的负面影响,每个施工单位都制定了相应的大风天气安全施工措施和安全管理办法,以降低可能的风险。为更好地应对大风天气带来的不利影响,各施工单位高度重视风险管理,制定了详细的应对措施,包括加强现场监测、采取防护措施、确保设备固定稳固等。这些措施不仅有助于确保工程的顺利进行,还能最大程度地降低自然因素可能造成的损失。虽然参与施工阶段的企业数量众多,但他们之间几乎没有合作关系。因此在操作层面的组织关系特征是离散的组织关系。

从上面的案例分析中可知,在兰新铁路第二双线(新疆段)的建设过程中,从研发阶段到设计阶段再到施工阶段,组织之间的合作密切程度由强变弱,呈现倒三角的形式。在研发阶段,由于针对风险因素要进行技术攻关,研发的工作难度远大于施工阶段的工作难度,因此在研发阶段需要多个参研单位之间密切合作。在设计阶段,咨询公司和设计公司之间会针对设计图纸进行深入沟通,对风沙天气这一风险因素可能造成的损失进行系统梳理,并对制定的防范措施进行详细检查,确保研发阶段的科研成果在设计阶段得以充分体现。咨询公司和设计公司之间通常是双边合作的关系。施工阶段的风险应对工作主要是把设计图纸中的设计逐一落实到每个环节,相比于研发阶段和设计阶段,施工阶段按图施工的难度相对较小,施工单位之间的合作密切程度较低,更多是各自直接对建设单位负责。

3.3.2 复杂产品风险治理模型的组织特征

虽然我国复杂产品的类型、行业分布、发展历史以及成熟度都存在较大差异,复杂产品风险治理模型的生成路径也具有多样性,但治理模型的形成和选择依然具有一定规律。模型的构建和生成途径包含模仿性同形、规范性同形和专业性同形等,组织同形、制度规范和最佳案例示范效应使得不同复杂产品风险治理模型通常可以相互借鉴[227]。兰新铁路第二双线(新疆段)风险治理的模型不是凭空而来的,也是对过去项目的成功模型的模仿和改进,是对我国复杂产品研制过程风险管理实践经验的继承和发展。抽象并理论化兰新铁路第二双线(新疆段)风险治理模型的实践经验,将有助于我国后续风险治理模型的选择和设计。

如图 3-2 所示，复杂产品风险治理模型通常由参研单位、设计单位、生产单位构成的金字塔组成。从参与的人数来看，该组织模式是一个正放的金字塔：最底层的操作层面（生产单位）人数最多，设计层面的人数次之，研发层面的人数最少。从单位之间相互合作的关系来看，该组织模式是一个倒放的金字塔，最上面研发层面的合作关系非常复杂，呈现网络化的结构，中间次之，呈现两两合作的情况，在最下面的操作层中几乎没有合作关系。

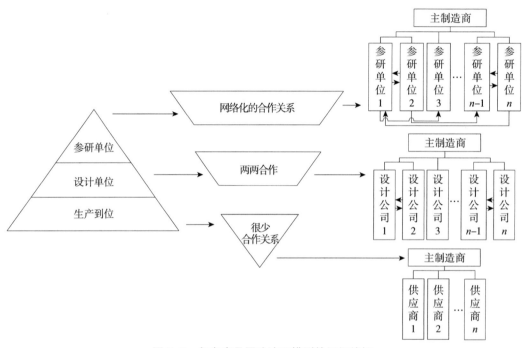

图 3-2　复杂产品风险治理模型的组织特征

从委托代理的关系来看不同层级之间的差别更为明显。处于最底层的生产单位（供应商）的工作内容的复杂性最低。生产单位通常只需要按照设计单位提供的图纸进行生产组装即可，各个生产单位之间几乎不存在合作关系，主制造商对于各生产单位的管理工作属于一对一的委托代理关系。处于中间层的设计单位工作的复杂性较高。他们不仅要消化吸收科研单位的技术创新成果，还要将创新成果融入设计当中，并在技术交底时传递给生产单位。通常情况下，会存在两个设计单位，分别负责设计和图纸审核。因此，主制造商对设计单位的管理工作往往属于双代理人委托代理关系。处于最顶端的科研单位的研发工作复杂性最高，他们通常需要根据关键风险因素和复杂产品的特点，在现有的知识技术水平上进行技术创新，保证技术创新的可行性和适用性。通常情况下需要多个参研单位相互协作，共同研发才能提出克服风险因素的最佳方案。各参研单位之间的合作紧密，主制造商对参研单位的管理工作属于多代理人相互合作的委托代理关系。

3.4 小结

复杂产品具有投资规模大、技术复杂、风险因素多、小批量生产等特征，这使得其风险治理的难度大，风险事故所带来的损失难以估量。因此，复杂产品的风险治理工作需要更精准和高效。本章通过复盘兰新铁路第二双线（新疆段）的风险治理经验，把风险治理工作分为研发、设计和施工三个阶段，并分析了每个阶段的组织结构特征以及不同阶段之间的交互、依存关系，最后总结了复杂产品风险治理的组织结构框架（图3-2）。

本章的主要研究结论包括以下三个方面：

1）在复杂产品的生产阶段，供应商之间的合作关系较少，供应商与主制造商之间为一对一的委托代理关系。虽然供应商之间合作关系较少，但采取一对一的委托代理模式与主制造商合作可以使供应商更专注于产品的生产以及主制造商对零部件的需求。单一的信息交流渠道能保证信息传递的准确性，从而确保产品质量和风险控制更为专业和高效。

2）在复杂产品的设计阶段，设计公司之间多存在两两合作，设计公司与主制造商之间存在多代理的委托代理关系。这种协同合作模式有助于将不同设计公司的专业知识和技能结合起来，提供更全面、创新和高质量的设计方案，从而为复杂产品的风险治理提供了更多可能性。

3）在复杂产品的研发阶段，参研单位之间往往存在多边合作，合作关系网络化，参研单位与主制造商之间存在多代理的委托代理关系。这种多方参与的合作模式为风险治理带来了挑战，需要协调不同单位间的利益和责任，确保信息共享和风险分担的有效性。为了更好地管理研发阶段的风险，建议建立稳固的合作伙伴关系和激励监督机制，加强参研单位之间的信息共享和资源协调，同时明确各方在风险管理中的责任，以确保研发阶段的风险治理能够高效实施。

本章构建的复杂产品风险治理模型是本书后续的研究基础。后面将分别针对复杂产品风险治理的生产、设计和研发阶段的组织结构构建相应的博弈模型，探索不同阶段下的激励机制设计问题。不过在探讨激励机制设计之前，本书还将考虑人类最为一致、最为普遍的有限理性因素——过度自信，探讨过度自信给代理人的风险管理行为带来何种影响。

第4章 过度自信对风险治理的双重影响

作为人类最稳健、最广泛存在的一种心理特质,过度自信一直深刻影响着人们行为决策的各个环节[83]。过度自信从人类起源就一直伴随着人类走过数百万年,不仅不曾衰减还影响更为深远。在经济社会中过度自信对于人们的决策有何影响?过度自信对复杂产品中的风险治理工作又有何影响?本章通过梳理前人对过度自信广泛而深刻的研究来探讨这些问题。

4.1 风险治理中人的关键作用

在风险治理的过程中,人作为最活跃的因素之一,起着至关重要的作用。他们参与风险管理的决策、实施和监督,扮演着多重角色。

首先,人既是风险管理的主体,也是风险管理的客体。作为主体,人需要通过独立思考和判断,识别和评估风险,制定风险应对策略。作为客体,人的行为和决策又会成为风险的来源,例如过度冒险的投资决策、不合规的行为等。由于人的行为和决策受到有限理性的影响,风险管理需要考虑这些因素的影响,以便更有效地管理风险。

其次,人的有限理性因素,例如过度自信,会增加风险发生的可能性。过度自信可能导致人们低估风险的潜在影响,从而做出过度冒险的决策。这要求风险管理不仅要关注外在的风险因素,也要关注内在的心理因素,以减少有限理性对风险决策的负面影响。

再次,人的学习和适应能力是风险管理的重要资源。尽管人的有限理性会增加风险的可能性,但人也有能力通过学习和经验积累来改进其决策过程,从而更好地管理风险。例如,通过培训和教育,可以提高员工的风险意识,提升他们的风险识别和处理能力。因此,人的学习和适应能力是风险管理成功的关键因素。

最后,人对组织的风险文化存在重要的影响作用。在风险管理过程中,人不仅参与决策和执行,还通过其行为和态度塑造了组织的风险文化。一个健全的风险文化可以鼓励开放沟通,促进风险的识别和共享,以及负责任的决策。这需要来自所有级别的员工的参与和贡献,特别是领导层,他们的行为和态度将对整个组织的风险文化产生重大影响。

在对管理人员的过程中，往往需要注意以下几个方面：

1）建立明确的责任和角色分工

在风险治理中，明确每个人的责任和角色至关重要，可以通过明确的工作职责和岗位描述来实现。例如，在大型复杂建设项目中，可以设立风险管理团队，其中包括风险经理、项目经理和相关专业人员。他们各自承担不同的职责，如风险识别、风险评估、风险控制和风险监测。

2）提供必要的培训和教育

通过培训和教育，员工可以更好地理解风险的概念、识别潜在的风险，并掌握有效的风险应对策略。不仅强化了员工的风险意识，提高了他们应对风险的能力，更能够助力塑造一种积极的风险文化，鼓励开放沟通和负责任的决策。因此，提供必要的培训和教育是提升风险治理效果、保护组织稳定和长期发展的关键手段。

3）促进有效的沟通和协作

有效的沟通和协作是风险治理过程中管理人的关键职责之一，可以通过定期召开会议、组织工作坊和使用协作工具来实现。在建筑项目中，管理人员会定期召开风险管理会议，讨论项目的风险状态和进展，并分享风险信息和最佳实践。

4）建立积极的风险管理文化

积极的风险管理文化对于有效的风险治理至关重要。管理者应该树立榜样，积极参与和倡导风险管理实践。可以通过鼓励员工报告潜在的风险和问题、强调风险管理的重要性，并提供奖励和认可来实现。例如，公司可以设立风险管理奖励计划，鼓励员工积极参与风险管理活动，报告风险和提出改进建议。此外，公司也可以定期举行风险管理活动，如风险意识日、培训工作坊和经验分享会，加强员工对风险管理的认识和参与度。

5）监督和评估风险管理的执行

对风险管理的执行情况进行监督和评估，是确保风险管理措施按计划实施的重要举措。此外，还能对风险的变化和新的风险因素进行监测和评估。在建设项目的施工过程中，建筑公司通常会进行项目风险评估和审查，检查风险管理计划的执行情况，并提出改进建议。

6）利益相关者管理

风险治理还需要与利益相关者建立良好的关系。利益相关者包括监管机构、供应商、客户和其他利益相关者。通过建立积极的关系，管理人可以更好地了解外部风险因素，并获得来自不同利益相关者的支持和合作。例如，在大型能源项目的风险治理过程中，管理团队可以与当地政府和环保组织保持良好的沟通和合作，共同管理项目中的环境和社会风险。这种合作可以帮助管理人员了解和解决与当地社区和环境相关的潜在风险，并减轻负面影响。

通过对管理者在风险治理过程中的作用展开分析，组织能够更好地识别、评估、控制和监测风险，确保组织的利益得到保护，并实现可持续发展。这需要管理人具备相关的知识和技能，与团队和利益相关者进行有效的沟通和合作，并持续关注风险管理的有效性和改进机会。

4.2　过度自信对人类行为影响的二元论

从第 2 章可以看到，目前学术界对于过度自信的内涵尚未达成一致。许多学者对现有过度自信的定义进行了分类。最常见的分类方式是把过度自信分为三类：过高估计、过高定位和过度精确。这是摩尔（Moore）分析 365 篇关于过度自信的论文之后得出的结论，这种分类的方法几乎囊括了所有关于过度自信的研究，包括社会学、心理学和经济学等。后续很多学者也采用了这一分类方式[101, 89]。然而，这种分类在复杂产品的风险管理工作中会出现概念重叠的情况，例如风险管理人员对自身风险管理能力（包括对风险因素引发风险事故的概率研判）的过高估计和对风险因素引发风险事故概率分析的过度精确就存在重叠：对自身风险管理能力的高估在一定程度上也包括对风险事件发生概率评估时的过度精确。因此，在摩尔（Moore）研究的基础上，本书试图根据复杂产品风险管理工作的特点，对过度自信的内涵进行再分类。

本章将通过文献调研的方法进一步解析过度自信的内涵，并在此基础上探索在经济社会中过度自信对人类行为决策的影响。通过利用 Citespace，课题组对发表在 Web of Science 上关于过度自信的学术论文展开调查。数据库选择 Web of Science 核心合集，引文索引选择 Science Citation Index Expanded 和 Social Sciences Citation Index，检索式为 TI=（overconfidence or overestimate or overoptimistic or better-than-average），时间跨度选择"所有时间"，文献类型选择"论文、在线发表和会议录论文"，Web of Science 类别选择 Economics or Business Finance or Management or Business or Operations Research Management Science，总共检索文献 235 篇（检索日期为 2023 年 8 月 23 日）。如图 4-1 所示，早在 2011 年，在经济与管理领域就有学者对过度自信展开研究，彼时相关研究还处于起步阶段。到 2018 年，过度自信开始受到学者的广泛关注，发文量急剧上升，直到 2022 年，几乎每年的发文量都有明显的增量。

共被引分析是 Citespace 非常重要也非常实用功能之一。共被引次数最多的文献往往处于文献引用网络的中心位置，对其他文献的影响程度较高[228, 19]，因此通过共被引分析，可以识别出核心研究学者和代表性文献。通过进一步筛选检索的文献，剔除综述论文、会议摘要、信函和修订，剩下 229 篇文献。把 229 篇文献导入 Citespace 中，

第 4 章 过度自信对风险治理的双重影响

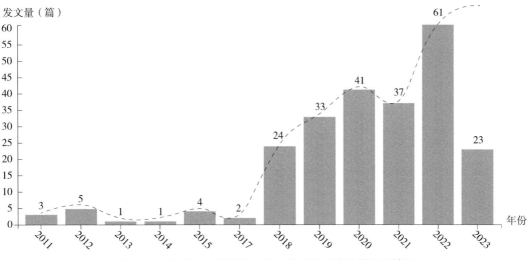

图 4-1 SCI 和 SSCI 数据库中文献对过度自信的研究情况

time slicing 选择 2011 年 1 月至 2023 年 12 月，years per slice 设定为 1，term source 选择 title，abstract，author keywords 和 keyword plus，node type 选择 author 和 reference，selection criteria 选择 g-index 且 $k=19$。通过共被引分析可以找出过度自信研究中的重要文献及相互之间的关系，如图 4-2 所示。进一步分析得到共被引次数最高的文献，见表 4-1。

共被引次数最高的是保罗 – 赫里巴尔（Paul Hribar）和霍利 – 杨（Holly Yang）与 2015 年发表的 *CEO Overconfidence and Management Forecasting*，在这篇文章中，作者用过度乐观（overoptimism）和错误校准（miscalibration）两个维度来衡量管理者的过度自信，并分析了管理者过度自信对发布预测的可能性、预测中的乐观程度以及预测的准确

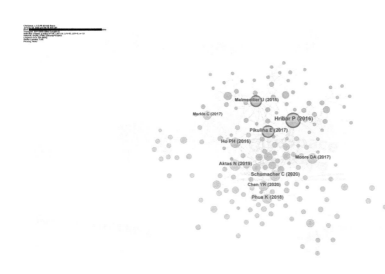

图 4-2 SCI 和 SSCI 数据库中经济与管理领域过度自信文献的共被引分析

高共被引频次的文献列表　　　　　　　表 4-1

序号	节点作者	出版年	文献名称	被引频次
1	Paul Hribar, Holly Yang	2016	CEO Overconfidence and Management Forecasting	18
2	Nihat Aktas, Christodoulos Louca, Dimitris Petmezas	2019	CEO Overconfidence and the Value of Corporate Cash Holdings	12
3	Phua Kenny, Tham T. Mandy, Wei Chishen	2018	Are Overconfident CEOs Better Leaders? Evidence from Stakeholder Commitments	10
4	Elena Pikulina, Luc Renneboog, Philippe N. Tobler	2017	Overconfidence and Investment: An Experimental Approach	10
5	Christian Schumacher, Steffen Keck, Wenjie Tang	2020	Biased Interpretation of Performance Feedback: The Role of CEO Overconfidence	10
6	Po-Hsin Ho, Chia-Wei Huang, Chih-Yung Lin, Ju-Fang Yen	2016	CEO Overconfidence and Financial Crisis: Evidence from Bank Lending and Leverage	10
7	Ulrike Malmendier, Geoffrey Tate	2015	Behavioral CEOs: The Role of Managerial Overconfidence	9
8	Yenn-Ru Chen, Keng-Yu Ho, Chia-Wei Yeh	2020	CEO Overconfidence and Corporate Cash Holdings	9
9	Don A. Moore, Derek Schatz	2017	The Three Faces of Overconfidence	9
10	Christoph Merkle	2017	Financial Overconfidence over Time: Foresight, Hindsight, and Insight of Investors	8

性的影响。马尔门迪尔（Malmendier）和泰特（Tate）在他们的研究中对多种测量 CEO 过度自信的方法进行了对比研究[136]。上述两篇论文为后续该领域的发展奠定了基础。

随后在 CNKI 中检索文献标题中含有过度自信的文献，选择文献来源为 CSSCI 数据库，可以检索到 408 条文件记录，年度分布情况如图 4-3 所示。从图中可以看到，CSSCI 数据库中最早开始对过度自信展开研究的文献出现在 2003 年，2011 年发文量到达高峰，之后一直处于高位态势。

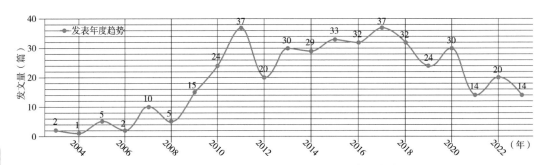

图 4-3　CSSCI 数据库中文献对过度自信的研究情况

剔除综述文献，剩余 394 篇文章。通过把引文数据导入到 Citespace 中可以对 CSSCI 数据库中关于过度自信的文章进行分析。图 4-4 反映了当前该领域最具有代表性的研究人员。名字越大说明其中心性越高、影响力越大。

图 4-4　CSSCI 数据库中经济与管理领域过度自信文献的共被引分析情况

通过精读上述文献可以得出，过度自信产生的原因是行为主体在对评估对象进行评估时出现的认知偏差[95]。复杂产品风险管理中涉及的评估对象可根据来源分为两类：一类来源于风险管理者自身，如知识水平、控制力、工作熟练程度等，称之为主体因素；另一类来源于外界环境，如自然灾害发生的概率、生产设备发生故障的概率、市场风险的高低等，称之为客体因素。复杂产品风险管理工作的本质是风险管理者评估复杂产品研制过程中存在的各种风险因素，并通过运用自己掌握的知识和技能将风险因素引发的期望风险损失降低至可接受的范围。在这个过程中，风险管理者准确评估自身能力水平（主体因素）和风险因素（客体因素）是风险管理工作的基础[229]。从文献中可知，当风险管理者具有过度自信时，要么表现为对主体因素的高估，要么表现为对客体因素的低估，或是二者兼而有之。本书把风险管理者对主体因素高估的现象称之为高估主体效应，对客体因素低估的现象称之为低估客体效应，见表 4-2。虽然也有做理论研究的文献在其模型中同时考虑到两种效应对行为人行为的影响，但他们在模型模拟的过程中用一个参数来表示这两种效应，譬如，如果用 d 描述人们的高估主体效应，用 $1-d$ 描述人们的低估客体效应。这种模拟方式背后的潜在假设是过度自信的这两种效应之间是存在线性关系的。但通过我们对众多关于过度自信的文献梳理结果来看，并没有文献支撑这一观点，也没有看到指出这两种效应之间存在某种联系的文章。因此，在新的研究成果出现之前，我们认为把过度自信的高估主体效应和低估客体效应看作两种完全不同的效应是比较合理的。这两种效应对人们行为的影响效果不完全相同，影响机理上也存在一定的差异。

表 4-2 过度自信的分类

类别	含义
高估主体效应	对自己在完成某项任务时的表现的评价高于实际情况，或者对自己的知识水平、能力大小的高估，或者对自己的消费水平的高估等 [93, 94, 230]
低估客体效应	对外界环境的波动性、不确定性的低估 [98, 99, 100, 231]

4.3 过度自信对风险治理的影响

"人"在分析、决策的过程中总是容易出现"失之毫厘"的情况——人们认为一定会发生的事情实际上只有 80% 的可能性发生，认为一定不会发生的事情有 20% 左右的概率会发生 [231]。这种认知偏差就是过度自信，是一种被学术界认定为最一致、最强大、最广泛的认知偏见 [83]。无论是心理医生、内科医生、投资银行家还是工程师、律师以及谈判人员，专业人士在决策的时候都会表现出一定程度的过度自信 [232-235]。从事复杂产品风险管理的工作人员自然也不例外。在过度自信的影响下，负责风险管理的工作人员往往很难对自身条件和环境因素做出准确评估，他们往往会认为自己不会出现失误，或即便发生不安全行为也不会酿成事故，或即使发生事故也不会造成损失 [236]。

人的过度自信对风险治理具有深远的影响。过度自信是指个体对自己的能力、知识或判断力过分自信的一种心理状态。当个体在风险管理和决策过程中过于自信时，可能会导致认知偏差、决策失误以及风险的低估 [237]。

1. 认知偏差

过度自信会导致认知偏差，使得个体在面对风险和不确定性时的认知偏离真实情况。具体表现为，个体可能会过高评估自身的能力和判断，错误地认为自己能够控制或预测一些实际上不可预测的结果。与此同时，在过度自信的影响下，人们可能会低估负面结果发生的概率，过于乐观地认为好事会发生在自己身上，而坏事发生的可能性微乎其微。此外，过度自信还可能导致个体忽视潜在的风险，对于可能引发问题的信号视而不见。这些因过度自信引发的认知偏差，可能导致对风险的错误评估，使得在制定风险管理措施时，由于对风险的认识不足，无法有效应对潜在的风险，甚至可能引发更大的问题。

2. 决策失误

过度自信可能会引发决策失误，致使个体在面对风险时做出错误的判断和选择。个体可能会过分相信自己的决策能力和预测准确性，过度自信地认为自己对于未来可能出现的情况有准确的预见力，从而忽视了潜在的风险和不确定性。这种过度自信可能导致个体过于乐观地预期结果，对可能出现的负面结果或风险一带而过，导致风险的严重性被低估。由此产生的决策可能会忽略必要的风险控制措施，导致当风险真实发生时，预设的应对策略不足以妥善处理风险。这样的决策失误和风险管理不足，可能使个体或者组织面临更大的风险，甚至可能导致严重的损失。

3. 风险低估

过度自信可能会导致个体对风险的低估，这种心理状态使个体对于潜在的风险和危机感知不足。由于过度自信，个体过分地相信自己具备应对任何风险和挑战的能力，因此对风险的严重性和可能产生的负面影响有所忽视或者错误评估。这种风险认知的失真可能导致对风险管理措施的不当配置，例如，可能过度依赖个体的能力而忽视了系统性的风险管理策略。此外，由于对风险的低估，可能会导致个体在应对风险时准备不足，例如，没有充分考虑到可能需要的资源和时间。当风险真实发生时，这种准备不足会使风险管理的效果大打折扣，甚至可能导致危机的爆发。

复杂产品所面临的风险因素具有系统性、复杂性的特点，风险管理过程既需要大胆的创新精神，又需要强烈的风险意识。过度自信有时会使风险管理人员更有魄力和创新精神，有时又表现得过于冒进、风险意识薄弱。如何设计一套行之有效的激励措施来规范风险管理人员的行为、规避过度自信的负面影响属于风险治理的范畴，是一个非常重要但在现实生产实践过程中经常被忽略的问题。因此，研究过度自信对复杂产品风险治理激励机制的影响显得尤为必要。

4.4 过度自信对复杂产品风险治理的影响

正如前述，作为一种常见的认知偏差，在风险管理过程中，由于过度自信的风险管理者很少考虑到极端情况，往往会导致一系列的风险事件发生[238]。过度自信是一种根深蒂固的偏见，在这种偏见中，一个人对自己判断的主观信心系统性地大于其客观准确性。大量证据表明，过度自信的人会增加风险敞口，更容易受到"黑天鹅"事件的影响，因而他们做出的冒险决定可能会带来致命的后果[239]。目前，大多数讨论风险管理的文献都基于人是完全理性的：人们在做决策的时候对自己的能力和环境的评估是准确无误的。事实并非如此，人们做的大部分决策并非是完美的，失误的屡次出现不断提醒着人们，完全理性是一个过于强烈的假设条件。要做好风险管理工作，从事风险管理的工作人员必须对自己的能力水平和风险因素有准确的了解，而过度自信这一特质阻碍了人们对主客观条件的正确认识。

温斯坦（Weinstein）的研究发现，人们总是趋向于高估自己的知识和能力水平以及其对成功概率的贡献度[240]。费希霍夫（Fischhoff）等人的研究表明，人们总是趋向于过高估计自己所掌握信息的精确性，认为一定会发生的事情实际上只有80%的可能性发生，认为一定不会发生的事情有20%左右的概率会发生[231]。摩尔（Moore）的研究指出，当人们从事不确定性高、计划时间长、可控性弱、技术需求高的工作时，往往会有低估风险、低估时长、高估可控性、低估项目技术需求的倾向[95]，这种倾向正是过度自信的表现。从第2章的论述可知，复杂产品的风险管理工作恰好具有高不确定性、超长计划时间、弱可控性和高技术需求的特点，加上过度自信存在的普遍性、广泛性和稳定性，我们可以大胆做出合理假设，在复杂产品的风险管理工作中过度自信是存在的。事实上，从我们对复杂产品（包括兰新高铁、川藏联网输变电、和谐号动车组等大型复杂产品）生产实践过程的调研所搜集的资料来看，生产实践中的部分工作人员也的确存在过度自信情况。另外，随着复杂产品风险管理工作层级的不断上升（由操作层面至研发层面），信息不对称的情况始终存在且不断加强。Ling等人的研究指出，信息不对称将使人们的过度自信变得更加强烈[241]。

过度自信的存在使得人们在分析评估自己的能力和外界不确定性时与真实情况出现偏差。如果说在其他普通消费品的生产环节过度自信的影响无足轻重的话，在复杂产品的风险管理工作中，这种影响变得难以忽视。这取决于两个方面：一方面，复杂产品结构复杂、技术含量高、参与者众多、不确定因素多，且很容易诱发系统性风险。但过度自信往往会使得人们低估客观环境的不确定性，实际上就是低估风险发生的概率。另一方面，风险管理工作需要在准确评估环境的不确定性之后根据自己的能力情况选择最适合的管理方案。这个管理方案不见得是最好的，不一定能把损失降至最低甚至完全消除，而是风险管理者综合分析自己的能力情况、外界不确定性的情况之后选取的一个能够将风险因素的影响降至可接受范围的方案。然而，过度自信的存在会使得风险管理者对自己的能力评价脱离实际。两方面的影响使得过度自信对复杂产品风险管理工作的影响不容忽视。

虽然过度自信会使人们在评估主客观环境时产生偏差，从前述的分析来看，这种偏差对风险管理工作也的确造成了一定的负面影响；但从研发创新的角度来看，这种偏差能够降低风险管理人员对复杂产品风险因素的畏惧感，因而提高人们的创新意愿和创新努力水平。可见，过度自信对复杂产品风险管理工作的影响是复杂的，如图4-5所示。因此，应该辩证地看待过度自信的这种偏差在复杂产品风险管理工作中的影响。本书的研究目的也是分析、厘清过度自信对复杂产品风险管理工作的影响机理。

本书研究过度自信对复杂产品风险管理激励机制的影响。本章所提出的复杂产品风险管理理论模型将是后续章节的分析基础。在接下来的第5章，针对复杂产品生产阶段的工作特点，建立了单代理人的委托代理模型，分析了过度自信的两种表现对复杂产品

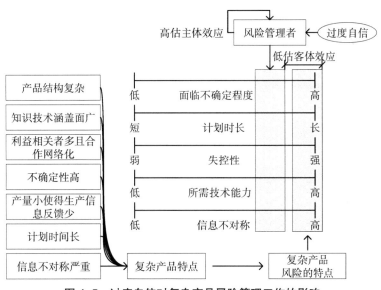

图 4-5 过度自信对复杂产品风险管理工作的影响

风险管理激励机制的影响。第 6 章针对复杂产品设计阶段的工作特点，分析了当两个代理公司之间存在合作关系时，过度自信对激励机制的影响。第 7 章针对复杂产品研发阶段的工作特点，分析了多代理公司之间相互协作、形成网络化结构时，过度自信对激励机制的影响。

第 5 章　复杂产品生产阶段的风险治理激励机制研究

相对于研发和设计阶段，复杂产品生产阶段的风险管理工作技术要求较低，跨组织合作的情况较少，供应商与主制造商之间多为一对一的委托代理关系。过度自信不仅使人们高估自己的能力，也使人们低估环境的不确定性。这种认知上的偏差对风险管理工作者工作投入的影响存在不确定性：当风险管理工作者高估自身能力时，可能会高估自己对风险管理工作的胜任情况以及风险管理工作的边际产出，从而增加工作投入；当风险管理工作者低估环境的不确定性时，可能会低估复杂产品的复杂程度，进而减少自己的工作投入，也可能会高估风险管理工作的确定性收入，从而增加自己的工作投入。过度自信究竟给风险管理者的行为模式带来何种影响，对风险管理工作的成效会造成何种影响并不清晰。作为精密度高、集成度高的复杂产品，风险管理工作不确定性高、计划时间长、可控性弱、技术需求高、重复性小、信息也更不对称，稍有差池就可能造成巨大损失。

要让供应商在生产制造的过程中把风险管理工作做实做细，需要设计有可操作性、有预见性的激励机制。然而，作为激励机制最重要的载体，复杂产品生产过程的合同大多基于代理公司完全理性而设计，并没有考虑代理公司过度自信的影响，也鲜有文章基于过度自信探讨复杂产品风险管理工作的激励机制设计。本章旨在针对复杂产品的生产环节，分析过度自信的双重效应对风险管理工作的影响。

用于本章分析的理论基础是委托代理理论。在经典委托代理问题中各行为主体均为完全理性。他们能客观、准确地评价自己的能力水平和外部环境情况，并据此选择最优努力水平保证收益最大化。在现实情况中，大多数复杂产品的供应商并非完全理性，一方面，他们无法对生产管理所涉及的所有信息都了如指掌；另一方面，他们对已有的信息也无法完全精确地做出分析和判断。因此，在工作过程中所做的一系列决策都很难是最优决策，更多是次优决策。这导致委托代理双方或多或少在一定程度上偏离最大化的收益。无论是信息的搜集还是处理环节，过度自信是导致委托代理双方偏离最优决策的重要因素之一。因此，本章建立了考虑过度自信的风险管理工作激励模型，分析了过度自信对代理公司行为选择以及委托公司最优分配系数、期望收益的影响，并讨论了在此情况下委托公司激励措施应该做出何种调整，也为后续章节探讨过度自信对复杂产品风险治理设计阶段和研发阶段激励机制的影响奠定基础，如图 5-1 所示。

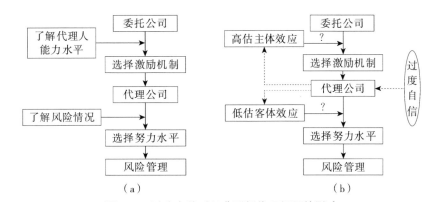

图 5-1 过度自信对经典委托代理问题的影响
（a）经典委托代理关系；（b）考虑过度自信的委托第代理关系

5.1 模型假设

甲公司（委托公司）承担某一复杂产品的研制工作。通过研制该复杂产品，甲公司可以获得的收益为 T。研制过程中存在一风险因素，如若置之不理任其发展，其引发风险事故的可能性为 R，造成的损失为 π_0，$\pi_0 \geq 0$。为降低风险，甲公司委托具有相应资质的乙公司（代理公司）对该风险因素进行管理，通过一系列管理工作（如超前风险预警、制定风险预案、定期风险演习等），乙公司可使风险事故造成的损失降低至 $\pi_0-\Delta\pi$。由于在风险管理工作中将风险因素完全消除，不仅不经济也几乎不可能，因此假设 $0<\Delta\pi<\pi_0$。

假设 5-1 代理公司的产出与其努力水平之间呈线性关系[242]。令 e 表示代理公司的努力水平，θ 表示外界环境对风险管理绩效的影响，a 表示代理公司单位努力水平的产出，则有：

$$\Delta\pi=ae+\theta \qquad (5-1)$$

其中，$0 \leq a \leq \pi_0$、$0 \leq e \leq 1$、$\theta \sim N(0,\sigma^2)$、$0<\sigma \leq 1$。

假设 5-2 代理公司的管理者具有过度自信。过度自信在其行为上主要表现为两个方面：高估主体效应 d 和低估客体效应 k。高估主体效应使得代理公司的管理者高估自己的能力（例如，代理公司认为自己制定的风险管理预案的有效性比实际情况高，或者代理公司认为自己制定的管理措施比实际情况更为高效）。客观情况下代理公司的努力产出为 a，但当代理公司具有过度自信时，在高估主体效应的影响下，他认为自己的单位努力产出为 $a+d$。低估客体效应会使得代理公司的管理者低估外界环境的波动性和不稳定性，客观情况下外界环境的不确定性为 σ，但在低估客体效应的影响下，管理者认为外界环境的不确定性降低为 $(1-k)\sigma$。根据高阶梯队理论可知，组织高层管理者的心理特征将影响其对自身所处环境的理解，从而影响公司的决策和产出[243]。因此代理公司管理者的过度自信将在代理公司的风险管理过程中体现。可知当代理公司的管理者具有过度自信时的产出函数为：

$$\Delta \tilde{\pi} = (a+d)e + \tilde{\theta} \quad (5-2)$$

其中，$\tilde{\theta} \sim N[0, (1-k)^2 \sigma^2]$，且 $0 < \Delta \tilde{\pi} < \pi_0$，$0 \leq k \leq 1$，$0 < d < \pi_0$，$0 < a+d < \pi_0$。

假设 5-3　委托公司向代理公司提供一份"固定工资 + 绩效"形式的合同。固定工资为 α，绩效工资则根据代理公司风险管理的效果提成，比例系数为 β。令 w 表示代理公司的工资收入，则：

$$w = \alpha + \beta R \Delta \tilde{\pi} = \alpha + \beta R[(a+d)e + \tilde{\theta}] \quad (5-3)$$

假设 5-4　假设代理公司的努力成本与其努力程度呈二次函数关系，令 $c(e)$ 为代理公司的努力成本函数为二次函数，则：

$$c(e) = \frac{1}{2} e^2 \quad (5-4)$$

假设 5-5　莱茵斯密特（Reinschmidt）等人的研究指出，人们的风险态度往往具有多样性[244]。在本章的研究中，代理公司从事复杂产品的风险管理工作，某种程度上来说，风险对代理公司而言也可能意味着某种收入。因此，本章把代理公司的风险态度分为风险规避、风险中性和风险喜好三种情况进行讨论。令 ρ 为代理公司的风险规避度，$0 \leq \rho \leq 1$①，则可知代理公司的风险成本为 $\frac{1}{2} \rho \beta^2 R^2 (1-k)^2 \sigma^2$。

本章博弈顺序如图 5-2 所示。在 $t=1$ 阶段，委托公司与代理公司谈判并签署一份风险管理委托代理合同，合同中明确规定了在风险管理工作正式开展之前，委托公司将支付代理公司一笔前期费用 α（固定工资），当风险管理工作结束之后，委托公司将根据风险管理工作开展的情况支付一笔费用 $\beta R \Delta \tilde{\pi}$（绩效工资），同时，委托公司将该风险因素的相关信息介绍给代理公司，并允许代理公司现场踏勘。在 $t=2$ 阶段，代理公司在了解相关情况之后决定是否愿意接受这份合同，若不接受，则博弈中止。若接受，则进入 $t=3$ 阶段，代理公司根据自身能力情况以及风险因素的信息决定自己的最优努力水平。在 $t=4$ 阶段，风险管理工作的绩效得以观察，委托代理双方实现各自的期望收益。

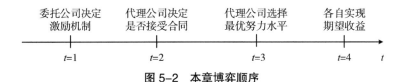

图 5-2　本章博弈顺序

本章使用的符号汇总见表 5-1。

---

①　此范围假设并不影响结论，只是便于分析。

第5章 复杂产品生产阶段的风险治理激励机制研究

本章所用符号　　　　　　　　　　表 5-1

符号	含义
T	当不进行风险管理措施时委托公司从该复杂产品的生产活动中获得的期望收益
R	该风险因素导致风险事故的概率
w	代理公司的工资收入
$\bar{\omega}$	代理公司的保留效用
π_0	该风险因素引发风险事故所造成的损失
d	过度自信的高估主体效应
k	过度自信的低估客体效应
$\Delta\pi$	代理公司通过风险管理工作所能降低的风险损失
$\Delta\tilde{\pi}$	高估主体效应和低估客体效应下代理人通过风险管理工作所能降低的风险损失
θ	外界环境对风险管理绩效的影响
$\tilde{\theta}$	低估客体效应下外界环境对风险管理绩效的影响
α	委托公司支付给代理公司的固定工资
β	委托公司根据风险管理绩效支付给代理公司的可变工资提成比例
e	代理公司选择的努力水平
a	代理公司单位努力水平的产出（代理公司的能力水平）
σ	外界环境的波动性
c	代理公司努力成本
ρ	代理公司的风险规避度
U_i	代理公司的期望收益（$i=a$, n, s, 分别代表风险厌恶、风险中性、风险喜好）
V_i	委托公司的期望收益（$i=a$, n, s, 分别代表风险厌恶、风险中性、风险喜好）

5.2 模型建立

通过把卢斯莫尔（Loosemore）等人提出的风险评估原则[245]与委托代理理论相结合，本书建立了以复杂产品风险管理激励机制模型，分析过度自信的两种效应对代理公司行为选择以及委托公司最优分配系数和期望收益的影响。

5.2.1 风险厌恶型代理公司

令 U_a、V_a 分别表示代理公司和委托公司的期望收益，结合前述假设可知，当代理公司为风险规避时，$U_a = \alpha + \beta R \Delta\tilde{\pi} - \frac{1}{2}e^2 - \frac{1}{2}\rho\beta^2 R^2(1-k)^2\sigma^2$，$V_a = T - R(\pi_0 - \Delta\tilde{\pi}) - (\alpha + \beta R \Delta\tilde{\pi})$，建立模型如下：

$$\max_{\alpha,\beta} T - R(\pi_0 - \Delta\tilde{\pi}) - (\alpha + \beta R \Delta\tilde{\pi}) \quad (5-5)$$

$$s.t. e^* = \max_e \alpha + \beta R \Delta \tilde{\pi} - \frac{1}{2}e^2 - \frac{1}{2}\rho\beta^2 R^2 (1-k)^2 \sigma^2 \qquad (5\text{-}6)$$

$$\alpha + \beta R \Delta \tilde{\pi} - \frac{1}{2}e^2 - \frac{1}{2}\rho\beta^2 R^2 (1-k)^2 \sigma^2 \geq \bar{\omega} \qquad (5\text{-}7)$$

5.2.2 风险中性型代理公司

令 U_n、V_n 分别表示代理公司和委托公司的期望收益，结合前述假设可知，$U_n = \alpha + \beta R \Delta \tilde{\pi} - \frac{1}{2}e^2$，$V_n = T - R(\pi_0 - \Delta\tilde{\pi}) - (\alpha + \beta R \Delta \tilde{\pi})$，建立模型如下：

$$\max_{\alpha,\beta} T - R(\pi_0 - \Delta\tilde{\pi}) - (\alpha + \beta R \Delta \tilde{\pi}) \qquad (5\text{-}8)$$

$$s.t. e^* = \max_e \alpha + \beta R \Delta \tilde{\pi} - \frac{1}{2}e^2 \qquad (5\text{-}9)$$

$$\alpha + \beta R \Delta \tilde{\pi} - \frac{1}{2}e^2 \geq \bar{\omega} \qquad (5\text{-}10)$$

5.2.3 风险喜好型代理公司

令 U_s、V_s 分别表示代理公司和委托公司的期望收益，结合前述假设可知，$U_s = \alpha + \beta R \Delta \tilde{\pi} - \frac{1}{2}e^2$，$V_s = T - R(\pi_0 - \Delta\tilde{\pi}) - (\alpha + \beta R \Delta \tilde{\pi})$，建立模型如下：

$$\max_{\alpha,\beta} T - R(\pi_0 - \Delta\tilde{\pi}) - (\alpha + \beta R \Delta \tilde{\pi}) \qquad (5\text{-}11)$$

$$s.t. e^* = \max_e \alpha + \beta R \Delta \tilde{\pi} - \frac{1}{2}e^2 + \frac{1}{2}\rho\beta^2 R^2 (1-k)^2 \sigma^2 \qquad (5\text{-}12)$$

$$\alpha + \beta R \Delta \tilde{\pi} - \frac{1}{2}e^2 + \frac{1}{2}\rho\beta^2 R^2 (1-k)^2 \sigma^2 \geq \bar{\omega} \qquad (5\text{-}13)$$

其中式（5-6）、（5-9）、（5-12）为激励相容约束，式（5-7）、（5-10）、（5-13）为参与约束。不失一般性地假设代理公司的保留效用为 $\bar{\omega}$。

5.3 模型计算和分析

通过逆向归纳法，可解得委托代理双方的最优决策，见表 5-2。

5.3.1 过度自信的双重效应对代理公司行为的影响

结论 5-1 过度自信的高估主体效应对代理公司在该复杂产品的风险管理工作中最优努力水平的影响随着代理公司风险偏好的变化而变化：

a）当代理公司为风险厌恶或风险中性时，随着过度自信高估主体效应的增强，代

三类模型的最优决策 表 5–2

	代理公司风险厌恶（$i=a$）		代理公司风险中性（$i=n$）		代理公司风险喜好（$i=s$）	
状态	$\bar{\omega} > \dfrac{A^4R^2Q}{2\bar{Q}^2}$	$\bar{\omega} \leqslant \dfrac{A^4R^2Q}{2\bar{Q}^2}$	$\bar{\omega} > \dfrac{1}{2}A^2R^2$	$\bar{\omega} \leqslant \dfrac{1}{2}A^2R^2$	$\bar{\omega} > \dfrac{A^4R^2\bar{Q}}{2\underline{Q}^2}$	$\bar{\omega} \leqslant \dfrac{A^4R^2\bar{Q}}{2\underline{Q}^2}$
e_i^*	$\dfrac{A^3R}{\bar{Q}}$	$\dfrac{A^3R}{\bar{Q}}$	AR	AR	$\dfrac{A^3R}{\underline{Q}}$	$\dfrac{A^3R}{\underline{Q}}$
β_i^*	$\dfrac{A^2}{\bar{Q}}$	$\dfrac{A^2}{\bar{Q}}$	1	1	$\dfrac{A^2}{\underline{Q}}$	$\dfrac{A^2}{\underline{Q}}$
α_i^*	$\bar{\omega} - \dfrac{A^4R^2Q}{2\bar{Q}^2}$	0	$\bar{\omega} - \dfrac{1}{2}A^2R^2$	0	$\bar{\omega} - \dfrac{A^4R^2Q}{2\underline{Q}^2}$	0
U_i^*	$\bar{\omega}$	$\dfrac{A^4R^2Q}{2\bar{Q}^2}$	$\bar{\omega}$	$\dfrac{1}{2}A^2R^2$	$\bar{\omega}$	$\dfrac{A^4R^2Q}{2\underline{Q}^2}$
V_i^*	$(T_0-\bar{\omega}) + \dfrac{A^4R^2}{A+\bar{Q}}$	$T_0 + \dfrac{A^4R^2K^2\rho\sigma^2}{\bar{Q}^2}$	$(T_0-\bar{\omega}) + \dfrac{A^2R^2}{2}$	T_0	$(T_0-\bar{\omega}) + \dfrac{A^4R^2}{A+\underline{Q}}$	$T_0 - \dfrac{A^4R^2K^2\rho\sigma^2}{\underline{Q}^2}$

注：其中 $A=a+d$，$K=1-k$，$T_0=T-R\pi_0$，$\bar{Q}=A^2+K^2\rho\sigma^2$，$\underline{Q}=A^2-K^2\rho\sigma^2$。

理公司的最优努力水平会增加；

b）当代理公司为风险喜好时，若风险规避度较低（$\rho \leqslant 3A^2K^2\sigma^2$），则随着代理公司高估主体效应的增强，其最优努力水平会增加，若风险规避度较高（$\rho > 3A^2K^2\sigma^2$），则代理公司的最优努力水平随其高估主体效应的增强而减少。

令代理公司为风险厌恶、风险中性、风险喜好时的最优努力水平分别为 e_a^*、e_n^* 和 e_s^*。从表5–2可知，$e_a^*=A^3R/(A^2+K^2\rho\sigma^2)$，容易算得 $\partial e_a^*/\partial d = A^2R(A^2+3K^2\rho\sigma^2)/(A^2+K^2\rho\sigma^2)^2>0$，同理可证明代理公司为风险中性时 $\partial e_n^*/\partial d=R>0$。由于 $\partial e_s^*/\partial d=A^2R(A^2-3K^2\rho\sigma^2)/(A^2-3K^2\rho\sigma^2)^2$，可知当 $\rho \leqslant 3A^2K^2\sigma^2$ 时 $\partial e_s^*/\partial d \geqslant 0$，当 $\rho > 3A^2K^2\sigma^2$ 时 $\partial e_s^*/\partial d < 0$，命题得证。

当代理公司为风险厌恶（或风险中性）时，外界环境的不确定性对其而言意味着确定性收入的损失（或者不存在影响）。此时代理公司的收益全都来源于自身的风险管理工作。在高估主体效应的影响下，代理公司认为自己单位努力的产出从 ae 增加至 $(a+d)e$。这种主观上的"假象"使得代理公司更愿意选择较高水平的努力。因此，当代理公司为风险厌恶或者风险中性时，随着其高估主体效应强度的增加，最优努力水平也在增加。

当代理公司为风险喜好时，外界环境的不确定性意味着确定性收入的增加。此时代理公司的期望收益不仅来源于自身的风险管理工作，还来源于外界环境的不确定性所带来的"意外收入"。通过风险管理工作产生的收益是有努力成本的，但外界环境不确定性所带来的"意外收入"并没有成本。因此对于追求利益最大化的代理公司而言，当风险规避度不是很强的时候，即 $\rho < 3A^2K^2\sigma^2$，会更看重自身风险管理工作所带来的收益，从而随着高估主体效应的增加，最优努力水平也会增加；当风险规避度较强时，即

$\rho>3A^2K^2\sigma^2$，代理公司会更看重外界环境的不确定性所带来的"意外收入"，为降低成本，使收益最大化，其最优努力水平会随其过度自信水平的增加而降低。通过数值模拟可以更直观地看到这种影响趋势，如图 5-3（a）所示。

结论 5-1 表明，在复杂产品的风险管理中，代理公司的最优努力水平受到过度自信的高估主体效应的影响。过度自信的高估主体效应是指代理公司高估自身能力和判断力的现象。这种现象在风险管理中表现出不同的趋势，具体取决于代理公司的风险偏好。对于风险厌恶或风险中性的代理公司，过度自信可能会鼓励他们承担更多风险，从而增加他们的最优努力水平。而对于风险喜好的代理公司，情况则取决于他们的风险规避程度。若代理公司风险规避度较低，则过度自信的高估主体效应会进一步增加他们的风险承担意愿，提高最优努力水平。然而，若代理公司风险规避度较高，则过度自信可能导致最优努力水平减少，因为他们更谨慎对待风险，尽量避免潜在的损失。

在复杂产品的生产过程中，选取合适的风险管理人员至关重要，结论 5-1 为委托人选择合适的风险管理人员提供了指导。首先，委托人应优先选择能够理性评估自身能力和风险偏好的人，避免过度自信的高估主体效应对决策的负面影响。其次，评估候选人的决策风格是必要的，寻找审慎和客观的决策者，以确保复杂市场环境下的风险管理有效执行。此外，委托人可以选择具有不同背景和经验的风险管理团队，以获得更全面的风险管理策略和方案。总的来说，综合结论 5-1 的指导，委托人将更有可能找到适合复杂产品生产过程的优秀风险管理人员，从而确保复杂产品生产环节的安全和顺利。

结论 5-2　低估客体效应对代理公司努力水平的影响随着代理公司风险偏好的不同而不同：

a）当代理公司为风险厌恶时，随着过度自信的低估客体效应的增强，代理公司的最优努力水平也会增加；

b）当代理公司为风险中性时，过度自信的低估客体效应并不会对代理公司的最优努力水平造成影响；

c）当代理公司为风险喜好时，随着过度自信的低估客体效应的增强，代理公司的最优努力水平会减小。

由 $\partial e_a^*/\partial k=2A^3RK\rho\sigma^2/(A^2+K^2\rho\sigma^2)^2>0$，$\partial e_n^*/\partial k=-2A^3RK\rho\sigma^2/(A^2+K^2\rho\sigma^2)^2<0$，$\partial e_y^*/\partial k=0$，可以很容易得出结论 5-2。图 5-3（b）直观地描述了这种趋势。在复杂产品的生产过程中，低估客体效应对代理公司的风险管理行为产生重要而微妙的影响。当代理公司为风险厌恶型时，外界的不确定性被视为一种额外的损失，而低估客体效应会导致他们对不确定性的感知降低，进而认为额外的损失并没有想象中那样高。这种错误判断可能使得代理公司产生一种"虚假的繁荣"心态，过度估计确定性收入，从而激发他们更高的努力水平，试图规避所谓的损失。然而，当代理公司为风险中性时，低估客体效应却不会

对其行为产生影响。风险中性的代理公司对不确定性不会产生额外的感知影响，因此低估客体效应不会发挥作用。相反，当代理公司为风险追求型时，他们将不确定性视为一种额外的收益，低估客体效应导致他们对这种额外收益的感知减弱，认为额外的收益并不像他们所认为的那么高。这种错误判断可能导致代理公司出现"虚假的损失"心态，过度估计了确定性收入，从而减少在风险管理工作中的努力投入，因为他们认为减少投入并不会损失太多预期的收益。

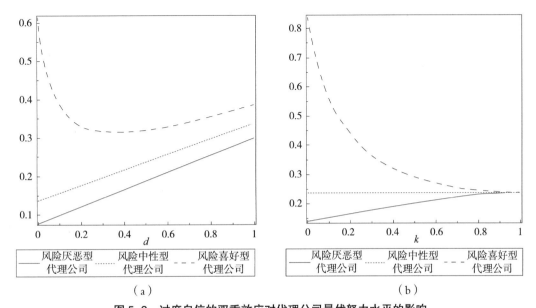

图5-3　过度自信的双重效应对代理公司最优努力水平的影响
（a）高估主体效应对最优努力水平的影响；（b）低估客体效应对最优努力水平的影响
注：数值模拟中 $a=0.68$，$R=0.2$，$d=0.5$（$k=0.4$），$\rho=1$，$\sigma=1$。

综上所述，低估客体效应在不同类型的代理公司中会对外界环境不确定性产生不同的影响。了解并识别这种效应对于正确评估代理公司的风险管理行为具有重要意义。委托人应当深入了解潜在的风险管理人员和他们的风险偏好类型，并根据不同情况选择适合的风险管理团队。确保风险管理人员能够客观、理性地评估环境中的不确定性，并制定相应的风险管理策略，以确保代理公司在复杂的环境中能够更有效地管理风险并实现投资目标。

从以上分析可以看到，过度自信的两种效应对代理公司在风险管理工作中的行为影响具有多样性。在不同的风险态度下，同一种效应对代理公司行为的影响是有显著差异的；在相同的风险态度下，不同的效应对代理公司行为的影响也是有显著差异的。由此可见，在对风险管理人员进行管理的过程中，无论是只考虑过度自信某一种效应对风险管理人员行为的影响，还是脱离风险管理人员的风险态度分析过度自信对风险管理人员行为的影响都是不全面的。只有在辨别风险管理人员的风险态度并分别考虑过度自信的两种效应对风险管理人员行为的影响之后，才能制定出行之有效的管理措施。

5.3.2 过度自信的双重效应对委托公司行为的影响

结论5-3 根据代理公司风险态度的不同，高估主体效应对委托公司最优分配系数的影响也不一样：

a）当代理公司为风险厌恶时，随着其高估主体效应的增强，委托公司的最优分配系数会增加；

b）当代理公司为风险中性时，高估主体效应对委托公司的最优分配系数不会产生影响；

c）当代理公司为风险喜好时，随着其高估主体效应的增强，委托公司的最优分配系数会减少。

令代理公司为风险规避型时委托公司的最优分配系数为 β_a^*，$\beta_a^* = A^2/(A^2+K^2\rho\sigma^2)$。根据一阶导数 $\partial \beta_a^*/\partial d = 2AK^2\rho\sigma^2/(A^2+K^2\rho\sigma^2)^2 > 0$ 可证明结论5-3 a），同理可证明结论5-3 b）和结论5-3 c）。图5-4（a）中很直观地表现出了这种影响趋势。

当委托公司面对一个风险规避型的代理公司时，要明白不确定性对该代理公司而言意味着期望收益的减少。此时，若该代理公司表现出对自身能力的高估，委托公司会对此有很高的可信度。代理公司的高估主体效应将产生正向影响，使委托公司相信该代理公司确实具有较高的风险管理能力，从而提升最优分配系数。这种情况下，委托公司会更倾向于将更多资源委托给这样的代理公司，最大程度地降低自身面临的风险。

然而，当委托公司面对一个风险喜好型的代理公司时，他知道不确定性对该代理公司意味着机会收益。在这种情况下，代理公司越是表现出对自身能力的高估，委托公司的心里就越没底。代理公司的高估主体效应将产生负向影响，降低委托公司对该代理公司的信任，使得委托公司不愿意给出高水平的最优分配系数。委托公司可能会对这样的代理公司采取谨慎态度，担心其高估的能力可能导致高风险投资，进而增加委托公司的风险暴露。

在委托公司和代理公司之间，对于代理公司的风险管理过程中过度自信的认知差异将直接影响最优分配系数的确定。实际上，委托公司很难准确了解代理公司的风险管理能力，只能结合代理公司的风险偏好及其表达出来的对风险管理工作难易程度的评价来间接判断代理公司的风险管理能力。研究结论5-3给出了一个判断的分析框架：当风险规避型的代理公司表现出对自身能力的高估时，说明该代理公司的风险管理能力较强；当风险追求型的代理公司表现出对自身能力的高估时，则说明该代理公司的风险管理能力较弱。当然，这只是一种双方博弈之后的概率判断，但也能为委托公司分析代理公司的风险管理能力水平提供一定程度的借鉴和参考。

结论 5-4 代理公司低估客体效应对委托公司最优分配系数的影响随代理公司风险态度的不同而不同：

a）当代理公司为风险厌恶型时，随着其低估客体效应的增强，委托公司的最优分配系数会增强，固定工资会降低；

b）当代理公司为风险中性时，其低估客体效应对委托公司的最优分配系数和固定工资不会产生影响；

c）当代理公司为风险喜好时，随着其低估客体效应的增强，委托公司的最优分配系数会减少，固定工资会增加。

令代理公司为风险厌恶型时委托公司的最优分配系数为 β_a^*，$\beta_a^*=A^2/(A^2+K^2\rho\sigma^2)$。根据一阶导数 $\partial\beta_a^*/\partial k=2A^2K^2\rho\sigma^2/(A^2+K^2\rho\sigma^2)^2>0$ 可知，委托公司的最优分配系数随着代理公司低估客体效应的增强而增加。令代理公司为风险厌恶型时委托公司设定的最优固定工资为 α_a^*，$\alpha_a^*=\bar{\omega}-A^4R^2(A^2-K^2\rho\sigma^2)/2(A^2+K^2\rho\sigma^2)^2$，根据一阶导数 $\partial\alpha_a^*/\partial k=(K^2\rho\sigma^2-3A^2)A^4R^2K\rho\sigma^2/(A^2+K^2\rho\sigma^2)^3<0$ 可知，委托公司对固定工资的设定随着代理公司低估客体效应的增强而减少，即证明结论 5-4 a）。同理可证明结论 5-4 b）和结论 5-4 c）。通过图 5-4（b）和图 5-4（c）的数值模拟可以比较直观地看到两者之间的关系。

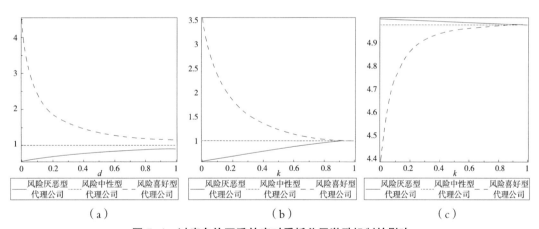

图 5-4 过度自信双重效应对委托公司激励机制的影响

（a）高估主体效应对 β^* 的影响；（b）低估客体效应对 β^* 的影响；（c）低估客体效应对 α^* 的影响

注：数值模拟中 $a=0.68$, $R=0.2$, $d=0.5$（$k=0.4$），$\rho=1$, $\sigma=1$。

代理公司的风险态度对其对外界不确定性与自身收益关系的认知产生重要影响，进而影响着委托公司在报酬设计和激励机制上的决策。当代理公司为风险厌恶型时，他们将外部环境的不确定性视为确定性收入的降低。在这种情况下，若代理公司表现出较强的低估客体效应，他们会认为其期望收入更具有确定性，即风险管理工作的努力水平更容易为其带来稳定的收入。换言之,代理公司将更看重绩效工资而不是基本工资,因为绩效工资与其风险管理表现直接挂钩。

在实践中,委托公司应针对这种情况,制定合理且适宜的报酬机制和激励措施。一种可能的做法是提高收益分配系数,将更多的报酬与代理公司的绩效挂钩,从而激励代理公司更加积极地管理风险并追求优秀的绩效。这样的激励措施将鼓励代理公司在风险管理方面投入更多精力,因为他们相信自己的努力能获得应有的回报。

然而,当代理公司为风险喜好型时,情况则有所不同。对于这样的代理公司,他们将外部环境的不确定性视为确定性收入的增加。在这种情况下,若代理公司表现出较强的低估客体效应,他们认为通过不确定环境获得高额收益的机会降低,因此可能更倾向于通过固定工资获取收益,而不是过度追求绩效工资。此时,委托公司可以考虑降低收益分配系数,增加固定工资的系数,以提供稳定的基本工资,同时减少对代理公司高风险投资的鼓励,从而控制委托资产的风险暴露。

在实际运用中,委托公司必须综合考虑代理公司的风险态度和低估客体效应,灵活制定相应的激励政策。不同的代理公司可能在不同的市场环境和时期表现出不同的风险偏好,因此委托公司需要定期评估和调整激励机制,确保其与代理公司的风险管理目标相一致。

此外,建立透明的合作关系和有效的监督机制也是至关重要的。委托公司应当与代理公司保持良好的沟通,确保代理公司在风险管理方面保持高效和负责的表现,从而实现委托公司和代理公司的共赢目标。

综上所述,委托公司在面对不同类型的代理公司时,需要全面考虑其风险态度和低估客体效应,以科学合理的激励机制来引导代理公司的行为。通过理性和灵活的报酬设计,委托公司将能够更好地调动代理公司的积极性,实现风险管理目标并取得长期持续的成功。

从结论 5-3 和结论 5-4 可以看出,过度自信会影响代理公司对自己和外部环境的认知,这种认知在与委托公司的互动过程中又传递给委托公司,从而影响了委托公司的激励方案。在高估主体效应的影响下,代理公司把对自己能力的感知传递给委托公司,从而影响了委托公司的激励方案;在低估客体效应的影响下,代理公司把自己对客观环境不确定性的认知传递给了委托公司,从而影响了委托公司的激励方案。

5.3.3 过度自信的双重效应对委托公司受益的影响

委托公司在聘请代理公司进行风险管理的过程中,为实现自身利益的最大化,委托公司不可能给出高于代理公司市场价值(即代理公司的保留效用)的费用。若支付的费用低于代理公司的保留效用,代理公司也不会愿意参与到该风险管理工作中来,因此,最终代理公司的收益一直为其保留效用$\bar{\omega}$。本节接下来仅对代理公司过度自信的双重效应对委托公司收益的影响展开分析。

结论 5-5　代理公司的高估主体效应对委托公司期望收益的影响规律如下：

a）当代理公司为风险厌恶型时，随着代理公司高估主体效应的增强，委托公司的期望收益会增加；

b）当代理公司为风险中性时，随着代理公司高估主体效应的增强，委托公司的期望收益也会增加；

c）当代理公司为风险喜好的时候，若 $A^2>2K^2\rho\sigma^2$，则随着代理公司高估主体效应的增强，委托公司的期望收益会增加；若 $A^2<2K^2\rho\sigma^2$，则随着代理公司高估主体效应的增强，委托公司的期望收益会减少；若 $A^2=2K^2\rho\sigma^2$，则代理公司的高估主体效应并不会对委托公司的期望收益造成影响。

令代理公司为风险厌恶、风险中性、风险喜好时委托公司的收益分别为 V_a^*、V_n^* 和 V_s^*，则 $V_a^*=(T_0-\bar{\omega})+A^4R^2/2A^2+2K^2\rho\sigma^2$。由 $\partial V_a^*/\partial d=A^3R^2(A^2+2K^2\rho\sigma^2)/(A^2+K^2\rho\sigma^2)^2>0$ 可证明结论 5-5 a）。同理可证明结论 5-5 b）。根据 $V_s^*=(T_0-\bar{\omega})+A^4R^2/(2A^2-2K^2\rho\sigma^2)$ 可知，$\partial V_s^*/\partial d=A^3R^2(A^2-2K^2\rho\sigma^2)/(A^2-K^2\rho\sigma^2)^2$。若 $A^2>2K^2\rho\sigma^2$，则有 $\partial V_s^*/\partial d>0$，即随着代理公司高估主体效应的增强，委托公司的期望收益会增加；若 $A^2<2K^2\rho\sigma^2$，则有 $\partial V_s^*/\partial d<0$，即随着代理公司高估主体效应的增强，委托公司的期望收益会降低；若 $A^2=2K^2\rho\sigma^2$，则有 $\partial V_s^*/\partial d=0$，则代理公司的高估主体效应并不会对委托公司的期望收益产生影响。结论 5-5 c）得证。通过数值模拟可以验证两者之间的关系，如图 5-5（a）所示。

从结论 5-5 可以看出，委托公司更倾向于信任风险厌恶型和风险中性的代理公司。对于后面这两种风险态度的代理公司而言，要么意味着环境的不确定性会给其期望收益带来损失，要么意味着环境的不确定性并不会给其期望收益造成影响。在这种保守态度之下，如果代理公司表现出对自己能力的高估，则委托公司往往会选择相信他的能力，从而使得委托公司的期望收益增加。

然而，委托公司对于风险追求型的代理公司并没有表现出同等的信任。从模型计算结果和分析可以看出，该类代理公司的高估主体效应并不一定会增加委托公司的期望收益。根据本书的假设条件可知 $A=a+d$，代表的是代理公司对自我能力的主观评价，这份评价也在其与委托公司的交互过程中传递给了委托公司，进而影响委托公司的期望收益。σ 是外界环境的波动性，ρ 描述了代理公司对不确定性的态度，$K=1-k$ 代表了低估客体效应对代理公司对不确定性的感知的影响。因此可以认为，$K\sqrt{\rho\sigma^2}$ 代表了在低估客体效应的影响下，代理公司对于环境不确定性的总体认识。因此，可以对结论 5-5 c）给出如下的判断，当且仅当代理公司表现出的能力 A 大于其自己对外界不去确定性的总

体感知 $K\sqrt{\rho\sigma^2}$ 时，即 $A>K\sqrt{2\rho\sigma^2}$ 委托公司才会相信代理公司，委托公司的期望收益随代理公司的高估主体效应的增强而增加；当代理公司表现出的能力 A 低于其自身对外界不确定性的总体感知 $K\sqrt{\rho\sigma^2}$ 时，即 $A<K\sqrt{2\rho\sigma^2}$ 时，委托公司反而会怀疑其能力，因而委托公司的期望收益随着代理公司的高估主体效应的增强反而减少；当代理公司表现出的能力 A 与自己对外界不确定性的总体感知 $K\sqrt{\rho\sigma^2}$ 相等时，即 $A=K\sqrt{2\rho\sigma^2}$ 时，代理公司表现出的能力与自己对环境的总体感知相符，此时，委托公司的期望收益就不再受到代理公司高估主体效应的影响了。

结论5-6 代理公司的低估客体效应对委托公司收益的影响规律如下：

a）当代理公司为风险厌恶型时，随着其低估客体效应的增加，委托公司的期望收益也将增加；

b）当代理公司为风险中性时，其低估客体效应并不会对委托公司的收益造成影响；

c）当代理公司为风险喜好型时，随着其低估客体效应的增加，委托公司的期望收益将减少。

由 $\partial V_a^*/\partial k = A^4R^2K\rho\sigma^2/(A^2+K^2\rho\sigma^2)^2 > 0$ 可以很容易证明结论5-6 a）。同理可证明结论5-6 b）和结论5-6 c），如图5-5（b）所示。当代理公司为风险厌恶型时，低估客体效应的增加将对委托公司的收益产生正向影响，即委托公司的期望收益将增加。风险厌恶型的代理公司对不确定性持谨慎态度，倾向于规避风险，因此低估不确定性所带来的潜在损失，使得委托公司的期望收益在这种情况下得到提升。委托公司可能倾向于委托更多的资产给这样的代理公司，因为他们认为该代理公司能够有效地管理风险，为委托公司创造更多的价值。

当代理公司为风险中性时，其低估客体效应并不会对委托公司的收益产生影响。风险中性的代理公司对不确定性持中立态度，对不确定性的估计相对客观，不会出现明显的低估客体效应。因此，在这种情况下，代理公司的低估客体效应对委托公司的收益不会造成明显的影响，委托公司可能会根据其他因素来选择合适的代理公司。

当代理公司为风险喜好型时，随着其低估客体效应的增加，委托公司的期望收益将减少。风险喜好型的代理公司对不确定性持乐观态度，他们可能高估不确定性带来的潜在收益，从而低估了风险的存在。这种情况下，委托公司可能会对代理公司的风险管理能力产生疑虑，因为代理公司可能过度追求高风险高收益的投资，导致委托公司面临更大的风险。

综合来看，委托公司在选择代理公司时应充分了解其风险态度和低估客体效应，尤其要注意代理公司的风险偏好与委托公司的风险偏好是否相符。对于风险厌恶型的代理公司，委托公司可能更倾向于选择低估客体效应较为显著的代理公司，以实现更好的收益。而对于风险喜好型的代理公司，委托公司应审慎选择，避免过度追求高收益而忽略风险管理,以确保资产的安全和稳健增长。最终,通过明确代理公司的风险态度和低估客体效应,委托公司能够更加准确地评估代理公司的风险管理能力,做出更明智的委托决策。

与结论 5-5 一致时,委托公司依然更愿意信任风险规避和风险中性型的代理公司。不同的是,结论 5-6 中讨论的是委托公司对代理公司对外界环境不确定性的判断的信任。当一个风险规避型的代理公司指出外界环境的不确定性并不是很高的时候(其中已经包含了代理公司对客观环境不确定性的低估),从模型的分析结果来看,委托公司往往会倾向于相信代理公司,即委托公司的期望收益随着代理公司低估客体效应的增强而增加。这种情况对于风险追求型的代理公司来说恰好相反,当一个风险喜好型代理公司提出外界环境的不确定性不高时(同样该判断也包含了代理公司对客观环境不确定性的低估),从模型分析来看,委托公司并不会相信代理公司,即代理公司的低估客体效应越强,委托公司的期望收益反而越少。对于风险中性的代理公司,由于其认为外界的不确定性对其收益并不会造成影响,因此代理公司的低估客体效应不会传递给委托公司,也不会对委托公司的期望收益造成影响。

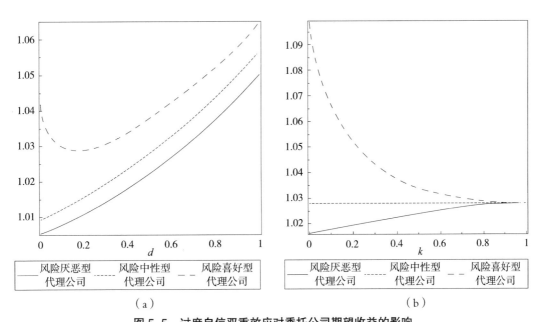

图 5-5 过度自信双重效应对委托公司期望收益的影响

(a)高估主体效应对 V^* 的影响;(b)低估客体效应对 V^* 的影响

注:数值模拟中 $a=0.68$, $R=0.2$, $d=0.5$($k=0.4$), $\bar{\omega}=5$, $\pi_0=10$, $T=8$, $\rho=1$, $\sigma=1$。

为便于查看和对比过度自信的高估主体效应和低估客体效应对复杂产品风险管理激励机制的影响,本书将结论 5-1~5-6 汇总于表 5-3。

过度自信两种效应对复杂产品风险管理激励机制的影响　　　　表5-3

	代理公司为风险厌恶				代理公司为风险中性				代理公司为风险喜好				
	e^*	β^*	α^*	V^*	e^*	β^*	α^*	V^*	e^*	β^*	α^*	\multicolumn{2}{c}{V^*}
高估主体效应	+	+	null	+	+	×	null	+	+	+	null	$A^2>2K^2\rho\sigma^2$	+
												$A^2=2K^2\rho\sigma^2$	×
												$A^2<2K^2\rho\sigma^2$	−
低估客体效应	−	−	−	×	×	×	+	−	−	−	+	\multicolumn{2}{c}{−}

注："+"表示正相关,"−"表示负相关,"×"表示不相关,"null"表示本尚未讨论。

5.4 案例分析

现有关于博弈论方面的实证研究方法主要集中在试验方法、计量统计和案例研究三个方面,其中以经济学试验和计量经济学为主[246]。由于本书模型中的参数较多,抽象且不容易量化,若采用经济学试验或者计量统计的方法难度较大,而案例分析是将丰富的定性数据与主流的演绎研究相结合的最好方法之一,可以有效地验证理论[21, 247]。因此,本节采用案例分析的方法对前文的理论研究进行讨论以验证其实用性。

5.4.1 案例背景

新建兰新铁路第二双线(新疆段)全线正线长度709.93km,设计速度目标值200km/h以上,是我国《中长期铁路网规划》重点项目,也是西部大开发计划新开工的18项重点工程之一。线路的建设过程中受到以大风天气为代表的多种风险因素的影响。为实现"建设精品工程、安全工程"的总体目标,兰新铁路新疆有限公司从施工监理、工程设计、项目咨询等各方面制定了一揽子风险管理措施。课题组5年内先后3次前往建设现场,搜集了大量关于兰新铁路第二双线(新疆段)风险管理工作的一手资料。通过资料分析可以看到,这些管理措施是本书研究结论的印证、运用和延伸。

5.4.2 案例分析

为有效减少因过度自信而带来的人为风险因素,兰新铁路新疆有限公司从人员培训、设计咨询、监理管理三个方面开展了相关管理工作,具体分析如下。

1. 大力开展培训活动

在兰新铁路第二双线(新疆段)工程建设期间,为了应对复杂多变的自然环境,特别是大风天气对施工作业的影响,兰新铁路新疆有限公司采取了积极的措施,其中一个重要举措是举办了29期管理及专业技术培训班,共培训了4000余名施工人员。

这些培训班的内容涵盖了多个方面,其中包括防风安全控制的具体措施、安全生产法以及与铁路建设安全相关的法规。此外,还涉及在大风、大温差、干燥环境下高性能混凝土施工技术等专业技术培训。通过这些培训工作,兰新铁路新疆有限公司的施工人员得以正确认识大风天气对施工作业的重要影响,还有效地提高了施工人员的作业技术水平。

这些培训的实施,产生了两方面的积极影响。首先,让施工人员正确认识大风天气可能带来的潜在风险,有助于减少施工人员因过度自信而产生的低估客体效应带来的负面影响。施工人员对大风天气的影响有了正确的认知,在一定程度上消除他们"蛮干""充当男子汉""争面子"的心态,从而减少风险行为的发生,使得他们更加谨慎和理性地对待工作,避免冒险行为,降低施工风险。其次,技能培训也起到了积极的作用。特别是对于在大风、干燥环境中进行混凝土施工这样技术要求较高的工作,通过专业技术培训,施工人员掌握了适应复杂环境的施工方法和技巧,提高了施工效率和质量。同时,技能培训也增强了施工人员完成本职工作的信心,激发了他们更大的努力工作意愿,提升了过度自信的高估主体效应。

通过这些培训,公司有效提高了施工人员的安全意识和专业技术水平,为应对复杂的自然环境提供了有力保障。

2. 充分发挥咨询公司作用

新建兰新铁路第二双线(新疆段)的设计工作由中铁第一勘察设计研究院集团有限公司负责完成。该设计工作不仅涵盖了传统的工程项目,如路基、桥梁、隧道和站房等,还特别考虑了当地的自然环境特点,针对大风天气进行了专门的防风设计。为应对强风带来的影响,工程中设置了挡风墙和防风明洞,同时对风区内的站房也进行了加固和验算。

中铁第一勘察设计研究院集团有限公司作为一家具有丰富经验和专业技术的机构,早已在高速铁路设计领域赢得了良好声誉。通过在多个项目中的成功实践,该院积累了大量宝贵的工程设计经验。兰新铁路新疆有限公司的选择体现了对中铁第一勘察设计研究院集团有限公司技术实力的认可,也为项目的高质量设计奠定了坚实基础。

为确保设计的准确性和安全性,兰新铁路新疆有限公司在项目实施中采取了进一步的保障措施。为此,他们委托武汉铁四院工程咨询有限公司对所有的施工图纸进行严格的审核。作为第三方专业机构,武汉铁四院工程咨询有限公司拥有丰富的铁路工程设计咨询经验,其独立的审核将为项目的质量和合规性提供独到的视角。这种多方审核的做法有助于排除潜在的设计问题,确保工程在施工阶段的顺利推进。

另外,为了进一步保障工程的稳定性和可靠性,兰新铁路新疆有限公司还对防风工程过渡段和防沙工程阻沙栅栏等进行现场核对。通过对这些重要位置的实地检查,工程团队能够直观了解施工现场的情况,并与设计图纸进行对比。这样有助于发现可能存在的设计与实际环境不符之处,并及时进行调整和优化。现场核对也有助于提高施工人员对设计方案的理解,确保施工按照设计要求进行,从而降低因设计问题导致的工程风险。

总的来说，新建兰新铁路第二双线（新疆段）的设计工作是由中铁第一勘察设计研究院集团有限公司完成的，他们不仅考虑了传统工程项目可能出现的风险因素，还特别针对当地的大风天气做了防风设计。为保证设计的准确性和安全性，兰新铁路新疆有限公司委托武汉铁四院工程咨询有限公司严格审核施工图纸，并对关键位置进行现场核对。这些举措有助于确保工程在自然环境的考验下稳健推进，为兰新铁路项目的顺利建设提供了坚实保障。

实际上，在高速铁路的建设过程中，由于初期的勘察工作并不能获得铁路设计工作所需的所有信息，设计人员在根据有限甚至不足的信息进行相关设计时往往会借助过去的设计经验通过大胆假设来完成。在这个过程中，过度自信的两种效应发挥着不同的作用。面对匮乏的信息，设计人员必须相信自己以往的经验，然后根据经验完成相应的设计工作，过度自信的高估主体效应发挥了正面的作用。同时，应该看到由于低估环境的不确定性，也存在设计工作与现实有较大出入的情况，这时候，过度自信的低估客体效应就发挥了负面的作用。而咨询公司的工作，就是为设计把关，通过咨询公司与设计公司的合作与交流，能够及时有效地纠正因低估客体效应带来的设计缺陷。

在新建兰新铁路第二双线（新疆段）的咨询工作中，仅站前工程就提出审核意见4930条，为项目的安全建设提供了良好的技术支持。

3. 创新使用信息系统

监理人员在项目建设过程中承担着重要的角色，主要负责把控施工质量，以确保现场施工人员的作业符合设计规范。然而，在实际生产中，通常会出现部分监理人员迟到、旷工的情况，这可能与这部分监理人员过度自信心理的低估客体效应有关。

过度自信心理的低估客体效应表现在他们过于相信施工人员不会偷工减料，即便出现偷工减料的情况，他们认为设计单位在设计环节已经考虑了足够的安全系数，因此不会导致安全质量事故。此外，由于高铁建设项目通常跨区域绵延几百公里，这些监理人员也相信即便业主下现场进行查看，也不会发现问题，因此对项目施工质量的监督把控产生了消极态度。

监理人员由于过度自信心理的低估客体效应，导致他们对工作的敷衍态度和怠工情况较为普遍。这样的行为严重影响了他们在项目中的监管职责履行，给高铁项目的建设及运营带来了极大的隐患。由于监理人员在施工现场承担着保障施工质量的重要职责，他们的消极态度可能导致施工质量的下降，进而影响高铁线路的安全运营。

在高铁建设中，施工质量和安全是至关重要的，任何疏忽和怠工都可能引发严重的后果。因此，项目管理方面需要认识到过度自信心理的低估客体效应对监理人员行为的影响，加强对监理人员的培训和监督，促使他们更加客观地看待施工风险，提高对施工质量的重视程度。同时，建立健全的激励机制，对优秀的监理人员给予奖励和表彰，也可以提高监理人员的工作积极性和责任心,从而保障高铁项目的建设质量和安全。通过这些措施的实施,可以减少过度自信心理的低估客体效应带来的负面影响,确保高铁项目的顺利建设和安全运营。本就处于大风天气威胁下的新建兰新铁路第二双线(新疆段)在建设管理工作中容不得半点疏忽。

考虑监理人员在高铁建设项目中经常出现迟到、旷工等情况,兰新铁路新疆有限公司采用了网络信息技术,开发了一套监理信息跟踪系统,以实现对监理人员在辖区的时间和到位率的监督管理。通过在智能手机上安装该软件,兰新铁路新疆有限公司能够轻松调出特定监理单位监理人员的到岗情况。监理信息跟踪系统不仅具备位置监控功能,还允许各级管理人员对现场监理工程师发送指令,实时传输和备份现场发现的问题,包括文字、图片和视频等方式,从而提高监理人员的现场监控能力。自监理信息跟踪系统投入运行以来,几乎再也没有出现过监理人员无故迟到和旷工的情况。

该监理信息跟踪系统的引入对于兰新铁路新疆有限公司而言具有重要意义。首先,通过网络信息技术的应用,公司实现了对监理人员工作情况的精确监控和管理,可以及时掌握监理人员的到岗情况,减少了人工统计的繁琐过程,提高了监理工作的效率。其次,监理信息跟踪系统的位置监控功能使得监理人员的工作位置和行动轨迹被实时掌握,从而确保他们按照规定时间和地点到达工作岗位,保障施工质量和安全。此外,系统允许管理人员通过文字、图片和视频等多种方式与现场监理工程师进行实时沟通,这样监理人员可以及时向管理层汇报发现的问题,并得到及时的指导和支持,有助于解决问题,确保工程顺利推进。

另外,监理信息跟踪系统的运用也对监理人员的工作态度产生了积极影响。由于监理人员知道他们的工作状态可以被监控和记录,更加重视工作纪律,避免了无故迟到和旷工等不良行为。这种监督机制的引入,从根本上杜绝了一些监理人员过度自信心理的低估客体效应,即认为即便有不良行为也不会被发现或对工程产生影响的心态。监理信息跟踪系统为监理人员提供了一种客观公正的考核方式,激励他们更加认真负责地履行监理职责,提高工程质量管理水平。

5.5 小结

现有在风险管理过程中考虑过度自信影响的文献往往只考虑了过度自信某一方面的影响作用,即一元论,较少考虑代理公司不同风险态度的影响。通过文献统计分析,本章提出过度自信对人们认知行为影响的二元论,把过度自信对人们认知行为的影响分为高估主体效应和低估客体效应,并把这两种效应和风险评价的方法与委托代理理论相结合,建立了不同风险态度下考虑代理公司过度自信的复杂产品风险管理激励模型,分析了过度自信对其行为选择以及主制造商提供的激励机制和期望收益的影响。从表 5-3 中可见，代理公司过度自信的两种效应对代理公司最优努力水平的选择 e^*、对委托公司最优激励系数的选择（α^* 和 β^*）以及对委托公司期望收益 V^* 的影响均存在较大差异，代理公司的不同风险态度决定了过度自信双重效应的影响趋势。

根据前述的结论分析，本章提出以下三点管理建议，以应对复杂产品研制过程中可能出现的低估客体效应和过度自信带来的认知偏差，从而提高风险管理工作的效果和质量。

首先，负责复杂产品研制工作的主制造商应定期对参与研制过程的工作人员进行培训。通过全面解释复杂产品所面临的风险因素及其后果，工作人员能够深入了解潜在风险的严重性和可能带来的影响。这样的培训有助于提高工作人员对风险问题的敏感性和认知水平，减少低估客体效应可能带来的负面影响。此外，培训还可以教授风险管理的相关知识和技能，使工作人员能够更加有效地应对潜在风险，增强风险管理工作的能力和效率。

其次，针对复杂产品研制过程中的关键风险因素，主制造商应采取多人共同管理的方式。主制造商可以让多位工作人员对关键风险因素进行管理工作，通过多人之间的交流和学习，不仅可以让他们对风险情况有客观、全面的了解，还能够对自身的能力水平有准确的认识。多人共同管理的模式可以有效地减少过度自信心理的高估主体效应，避免工作人员在风险评估和管理中盲目自信，从而导致认知偏差和决策错误。此外，多人共同管理也可以提高团队合作和协作能力，为复杂产品研制过程中的风险管理提供更多角度和思路，增加管理工作的全面性和灵活性。

最后，主制造商应及时对风险管理工作的结果进行反馈。及时的反馈能够让相关人员了解自己的工作情况，从而能更好地了解风险管理工作的实际效果和成效。如果风险管理工作出现了问题或存在改进空间，及时的反馈可以让相关人员及早发现问题，及时调整和改进工作方法。同时，反馈也可以为主制造商提供参考和依据，以优化和完善风险管理策略和措施。通过不断地反馈和改进，主制造商能够有效地降低过度自信带来的认知偏差，使风险管理工作更加客观和科学，从而提高研制复杂产品的成功率和安全性。

上述措施将有助于优化复杂产品研制过程中的风险管理工作，减少低估客体效应和过度自信带来的认知偏差。主制造商可以根据自身情况和项目特点，结合培训、多人共同管理和及时反馈等方法，全面提升风险管理工作水平，确保复杂产品研制过程的顺利进行和安全交付。同时，不断总结和分享成功经验和教训，不断完善风险管理体系和方法，也是提高管理效能、保障项目成功的关键因素。

第 6 章 复杂产品设计阶段的风险治理激励机制研究

相比于生产阶段的风险管理工作,复杂产品设计阶段的风险管理任务更加复杂和困难。由于用户的需求通常具有不确定性,复杂产品中所涉及的技术也在不断变化,因此设计方案也会不断调整。在这一过程中存在大量的不确定因素,且不同因素、不同环节之间相互影响,容易引发系统性的风险[12]。通常一个零部件或者一个制作工艺的设计发生变化就会触发其他零部件的设计发生变更,风险在变更的过程中相互引发、相继传播,使得复杂产品的设计充满不确定性,最终让复杂产品的研制成本和工期失去控制[73]。

在设计阶段,不仅需要将研发阶段的研究成果融入设计方案,还需要对其他相关零部件进行针对性的风险设计。与复杂产品生产阶段的风险管理工作不同,设计阶段的风险管理涉及多家设计公司之间的合作关系。例如,在新建兰新铁路第二双线(新疆段)的建设过程中,兰新铁路新疆有限公司在应对大风天气风险因素时,不仅聘请中铁第一勘察设计院集团有限公司作为铁路的设计单位,还聘请武汉铁四院工程咨询有限公司与之共同提供解决方案。

从组织结构的角度来看,设计阶段风险管理工作的主要特点是涉及两两合作。在这种情况下,过度自信不仅会对行为人自己的风险感知、能力估计造成偏差,也会影响合作方对主客观因素的认知过程。过度自信造成的认知偏差在合作的过程中相互影响和传递。不仅过度自信,合作双方的主体地位也会对各自努力水平的选择产生影响。当合作双方的主体地位发生变化时,情况可能会有所改变。对于地位较弱的设计公司而言,可能由于其地位较弱而降低其努力水平,因为他们认为自己的意见和建议在合作中得不到应有的重视。相反,地位较强的设计公司可能会更加过度自信,高估自己的设计方案,且不愿意采纳地位较弱方的建议。这种不平衡的努力水平选择可能导致设计阶段的风险管理出现偏差,增加项目风险。

为解决在复杂产品设计阶段风险管理工作中可能出现的问题,委托公司需要调整激励机制,并在调整的过程中考虑过度自信和合作双方主体地位的影响。目前学术界也在相关领域展开了研究。闫坤如指出,在人工智能的设计过程中必须彰显善的理念,关注公平与正义,只有这样才能让降低人工智能在后续使用过程中的风险[248]。李芮萌等人的研究指出,复杂产品研发项目中,不同部件之间以及不同组织之间存在着错综复杂的设计依赖关系和迭代关系。即便只有少数部件发生设计变更风险事件,也可能导致复杂产品研发项目整体设计变更风险的扩散传播[12]。通过应用结构化系统开发方法,丁斅和徐峰提出了适用于重大工程设计方案的贝叶斯网络风险评估方法。此方法被用于对港珠澳大桥建设项目的主体工程部分进行风险评估,同时提出了相应的应对措施,以应对可能的风险[11]。Liu 等人通过文献分析和专家调研,识别出了设计-建造项目中的 23 个设计风险因素,并把这些设计风险因素分为 6 个类别:设计团队不当风险、设计师责任不足风险、设计师经验不足风险、第三方信息不准确或延迟风险、设计方案不当风险,以及设计变更和雇主审查风险[249]。赫尔西(Hulsey)等人分析了在地震时建筑物倾倒这一风险,考虑到建筑物脆弱性的偶然变异性和对地震危险模型的认识不确定性,对风险分布和对该风险定向设计强度相关的致命风险分布进行了评估[250]。Li 等人提出了一个基于多主体系统(Multi-Agent Systems,MAS)的新型风险模型对复杂产品设计风险进行定量化评估,该模型构建了一个分层网络来表示复杂产品的设计过程[251]。Xu 和 Li 认为,复杂产品开发的性能风险可以定义为在成本和时间约束下,未能实现所需性能水平的概率。基于此,他们提出了基于图形评估和审查技术(Graphical Evaluation and Review Technique,GERT)的仿真模型,并通过仿真数据分析了复杂产品开发项目的设计风险,该模型分析过程中计算了影响项目设计目标实现的工期和成本的概率分布[252]。考虑到产品设计架构中不同组件之间错综复杂的相互关系使得变化更容易在不同组件之间相互传播,罗姆里(Romli)等人认为选择正确的初始变化组件对于控制重新设计过程的风险至关重要,基于这一观点,通过对现有复杂产品设计的所有组件进行排名,他们提出了一种风险评估方法,有助于设计师做出更好的重新设计规划[253]。

  目前的研究致力于理解复杂产品的风险特征,并尝试通过建立量化的风险评估模型来揭示和度量这些潜在风险。通过构建风险评估模型,探讨复杂产品设计风险,以便对设计阶段的风险进行全面评估。相对较少的研究致力于探究激励机制如何影响复杂产品设计风险的管理。激励机制作为管理实践的一部分,对于激发团队在风险管理方面的积极性、促使决策者更为谨慎地处理风险等方面发挥着重要作用。然而,目前尚未有广泛的研究探讨这些激励机制如何在复杂产品的设计和开发环境中产生影响,以及它们如何与整体的风险治理策略相互作用。因此,尚需从风险治理的视角出发,分析激励机制对复杂产品设计风险管理工作的实际影响。这不仅有助于更好地理解风险管理过程中的动态因素,还能为实际项目中更有效的风险管理策略提供更为全面的指导。

  本章将从复杂产品设计过程中代理公司主体地位出发,结合复杂产品设计阶段的工作特点,建立考虑代理公司过度自信的多代理人委托代理模型,探讨代理公司是否处于主体地位对复杂产品设计阶段风险管理工作的影响。

6.1 模型假设

某复杂产品的主制造商（委托公司）需要研制一复杂产品，该产品在研制过程中存在一风险因素需要 i、j 两家公司共同处理才能使风险因素的不良影响降至可接受的范围。在风险管理过程中，每家公司不仅要完成自己的风险管理任务，同时也要参与到另外一家公司的工作中协助对方完成风险管理工作。本章的模型基于以下 5 个基本假设：

假设 6-1 令 x_i 表示公司 i 完成自己风险管理工作（独立工作）所需要付出的努力，y_i 表示参与到另外一家公司的风险管理工作中（协同工作）需要付出的努力，总的努力水平为：

$$\eta_i = x_i + y_i \tag{6-1}$$

假设 6-2 令 a 表示公司 i 独立工作的能力，取值越大代表公司 i 独立工作时单位努力水平的产出越高，假设公司 i 独立工作的产出为 ax_i。令 r 表示代理公司之间相互合作对产出的影响，取值越大表示该风险管理工作对合作的需求越高、管理难度越大。假设公司 j 与公司 i 协同工作的产出为 rx_iy_j，令 π_i 表示公司 i 的产出可知：

$$\pi_i = ax_i + rx_iy_j + \varepsilon_i \tag{6-2}$$

其中，ε_i 为自然环境变量，表示外部环境对代理公司 i 产出的影响，服从均值为 0，方差为 σ^2 的正态分布，即 $\varepsilon_i \sim N(0, \sigma^2)$ [254]。为简便起见又不失一般性假设 $a=1$。

假设 6-3 令 C_i 表示代理公司 i 的努力成本。由于二次函数能够很好地模拟随着努力程度的增加，边际成本也不断增加的客观情况[255, 256]，因此假设：

$$C_i = \frac{1}{2}(x_i^2 + y_i^2) \tag{6-3}$$

假设 6-4 为确保合作的有效性，委托公司应激励参与风险管理工作的代理公司与其他公司合作的积极性，令 α 表示公司 i 从自己独立工作中得到的激励系数，β 表示公司 i 从公司 j 的产出中得到的激励系数，令 $\alpha+\beta=k$，k 为委托公司给公司 i 总的激励系数，为保证激励结构的合理性，设 $0<k<1$，在 k 给定的情况下，β 值越大，说明委托公司对于联合研发的鼓励程度就越大[257]。S_i 为公司 i 的收入则有：

$$S_i = \alpha\pi_i + \beta\pi_j = (k-\beta)\pi_i + \beta\pi_j \tag{6-4}$$

假设 6-5 代理公司与委托公司均为风险中性。用 EU_i 表示公司 i 的期望效用，EV 表示委托公司的期望效用，根据前述假设可知：

$$EU_i = (k-\beta)(x_i + rx_iy_j) + \beta(x_j + rx_jy_i) - \frac{1}{2}(x_i^2 + y_i^2) \tag{6-5}$$

$$EV = (1-k)(\pi_i + \pi_j) = (1-k)[x_i + x_j + r(x_iy_j + x_jy_i)] \tag{6-6}$$

当代理公司 i、j 地位相同时，委托公司和两家代理公司的决策过程如图 6-1 所示。博弈开始之前，委托公司向两家代理公司介绍该复杂产品风险管理工作的技术要求、功能需求等相关信息，代理公司各自介绍自己对于该复杂产品风险管理工作的难度、成功概率的评估。随后双方开始决策，先由委托公司决定激励系数 α、β。代理公司 i、j 看到 α、β 的值之后，同时决定各自在独立工作和协同工作上投入的努力水平 x_i、y_i 和 x_j、y_j，随后双方开展研发工作完成定制任务，最终得到真实效用。

图 6-1 代理公司地位相同时博弈各方的决策过程

当代理公司 i、j 地位不相同时，假设代理公司 i 处于主体地位。此时仍然先由委托公司决定激励系数 α、β。在看到 α、β 的值之后代理公司 i 率先决定在独立工作和协同工作上投入的努力水平 x_i、y_i。代理公司 j 在观察到委托公司的激励系数和代理公司 i 决定的努力水平之后决定在独立工作和协同工作上投入的努力水平 x_j、y_j，决策过程如图 6-2 所示。

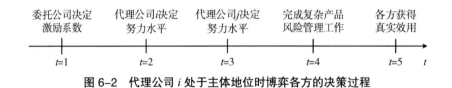

图 6-2 代理公司 i 处于主体地位时博弈各方的决策过程

本章的大多数符号都具有四种形态。以 x_i 为例，$\bar{x}_i$ 对应公司 i、j 地位相同且公司 i 完全理性时公司 i 在独立工作上投入的努力，x_i 对应公司 i 处于主体地位且公司 i 完全理性时公司 i 在独立工作上投入的努力，$\tilde{\bar{x}}_i$ 对应公司 i、j 地位相同且公司 i 具有过度自信时公司 i 在独立工作上投入的努力，$\tilde{x}_i$ 公司 i 处于主体地位且公司 i 具有过度自信时公司 i 在独立工作上投入的努力。表 6-1 中汇总了本章使用的所有符号，为简便起见，四种形态下的符号只列出一种，其他以此类推。

本章所用符号汇总　　　　　　　表 6-1

符号	含义
$\bar{x}_i$	公司 i、j 地位相同且公司 i 完全理性时公司 i 在独立工作上投入的努力
$\bar{y}_i$	公司 i、j 地位相同且公司 i 完全理性时公司 i 在协同工作上投入的努力

续表

符号	含义
a	公司 i 独立工作的能力
ε_i	外部环境对公司 i 产出的影响
α	公司 i 从自己独立工作中得到的激励系数
β	公司 i 从公司 j 的产出中得到的激励系数
k	委托公司给公司 i 总的激励系数
S_i	公司 i 的收入
EU_i	公司 i 的期望效用
EV	委托公司的期望效用

6.2 完全理性下复杂的风险管理工作委托代理模型

6.2.1 完全理性下的模型建立和计算

作为比较基础,先构建并分析完全理性下复杂的风险管理工作的委托代理模型。本章假设公司 i 和 j 的保留效用 $U_0=0$,一般而言,只要公司 i 和 j 针对委托人的激励条件 k 和 β 做出最佳反应,他们的收益都是严格的正值,因此参与约束可以不用考虑[257]。建立完全理性下的复杂的风险管理工作委托代理模型如下:

$$\max_{k,\beta}\{(1-k)(\pi_i+\pi_j)=(1-k)[x_i+x_j+r(x_iy_j+x_jy_i)]\} \quad (6-7)$$

$$s.t. \max_{x_i,y_i}\{(k-\beta)(x_i+rx_iy_j)+\beta(x_j+rx_jy_i)-\frac{1}{2}(x_i^2+y_i^2)\} \quad (6-8)$$

$$\max_{x_j,y_j}\{(k-\beta)(x_j+rx_jy_i)+\beta(x_i+rx_iy_j)-\frac{1}{2}(x_j^2+y_j^2)\} \quad (6-9)$$

在复杂的风险管理工作中,企业主体地位的不同直接影响了双方的决策顺序。参与风险管理工作的两个公司地位相同时,他们会同时做出决策决定各自的努力水平,博弈过程遵循纳什均衡博弈;当双方地位不同时,处于主体地位的公司往往会先发制人,提出有利于自己的策略选择,处于劣势的公司则只能跟随其后进行决策,博弈过程遵循斯坦伯格博弈。基于此可知完全理性下的复杂的风险管理工作的委托-代理模型计算结果如表 6-2 和表 6-3 所示。

完全理性下双方地位相同时计算结果　　　　表 6-2

$\bar{x}_i$	$\bar{y}_i$	$\bar{x}_j$	$\bar{y}_j$	$\bar{k}$	$\bar{\beta}$	$E\bar{U}_i$	$E\bar{U}_j$	$E\bar{V}$
$\frac{1}{4-r^2}$	$\frac{r^2-2}{r(4-r^2)}$	$\frac{1}{4-r^2}$	$\frac{r^2-2}{r(4-r^2)}$	$\frac{3r^2-4}{2r^2}$	$\frac{r^2-2}{r^2}$	$-\frac{1}{2}\frac{r^4-9r^2+12}{r^2(r^2-4)^2}$	$-\frac{1}{2}\frac{r^4-9r^2+12}{r^2(r^2-4)^2}$	$\frac{2}{r^2(4-r^2)}$

完全理性下公司 i 处于主体地位时计算结果　　　　表6–3

x_i	y_i	x_j	y_j	k	β	EU_i	EU_j	EV
$\dfrac{r^2+4}{12(2-r^2)}$	$\dfrac{7r^2-8}{6r(2-r^2)}$	$\dfrac{r^2+4}{12(2-r^2)}$	$\dfrac{7r^2-8}{12r(2-r^2)}$	$\dfrac{r^4+18r^2-16}{2r^2(r^2+4)}$	$\dfrac{7r^2-8}{r^2(r^2+4)}$	$\dfrac{r^4+32r^2-32}{48r^2(2-r^2)}$	$\dfrac{r^6-111r^4+432r^2-320}{288r^2(2-r^2)^2}$	$\dfrac{(r^2-8)^2}{96r^2(2-r^2)}$

6.2.2　模型计算结果分析

结论6–1　当复杂产品风险管理工作难度较大，对两家公司协同工作的需求较高时（$\sqrt{2}\leqslant r<2$），委托公司应挑选地位相同的代理公司开展风险管理工作；当复杂产品的风险管理工作难度较小，对两家公司协同工作的需求较小时（$\sqrt{\dfrac{8}{7}}<r<\sqrt{2}$），委托公司应挑选地位不同的代理公司开展风险管理工作，或者通过合同设计使得两个代理公司中的某一个处于主体地位。

证明：根据前述假设可知，表6–2和表6–3中的参数均为非负，且$0<k<1$，$0<\beta<1$，$0<k-\beta<1$。通过求解一系列不等式组可得在双方地位相同时，$\sqrt{2}\leqslant r<2$；双方地位不同时，$\sqrt{\dfrac{8}{7}}<r<\sqrt{2}$。称这两个区间为地位区间，$r$代表该复杂产品的定制过程对协同工作的需求大小和风险管理的难度。

可以看出，当涉及的管理工作难度较大且需要高度协同工作的风险因素时，委托公司应该明智地选择地位相近的两家公司进行风险管理。这种选择的合理性在于，这些风险因素可能在设计过程中涉及大量的技术难题，需要克服许多复杂的挑战。在这种情况下，运用新的思维方式和方法解决问题至关重要。选择地位相同的合作伙伴可以确保双方都拥有平等的发言权，从而在开放的交流环境中激发创新思维。这种合作模式有望为应对挑战和克服技术难题提供更多的创意和解决方案。

相反，对于管理难度较小、协同工作需求较低的风险因素，最佳策略可能是选择地位有明显差异的两家公司作为合作伙伴进行风险管理。这种情况下，处于主导地位的公司可以在研发过程中发挥更大的主导作用，从而提高复杂产品风险管理工作的效率。这种合作模式有助于确保项目的高效推进和有效的风险管理，从而在产品设计过程中取得更好的结果。

总之，根据风险因素的性质和要求，选择适当的合作伙伴以进行风险管理，可以显著提升复杂产品设计阶段风险管理工作的成功率和效率。通过灵活选择合作伙伴并充分利用其各自的优势，企业可以更好地应对技术挑战，提高创新能力，并确保项目按计划顺利进行。

结论6–1不仅从新的角度为委托公司在复杂产品的风险管理工作中如何选择合适的代理公司提供了启示，还为委托公司设计更为科学合理的复杂产品风险管理委托合同提供了极具实用性的建议。在实际操作中，委托公司可以根据复杂产品的具体情况，灵活地调整代理公司的地位。对于那些风险管理难度较大、需要高度协同工作的风险因素，可以选择地位相同的两家代理公司，以促进创新思维的激发和协同工作的有效开展。而对于那些管理难度较小、协同工作需求较低的风险因素，可以通过设置差异化的地位，让主导地位的代理公司在研发过程中发挥更大的作用，提高风险管理工作的效率。通过这种方式，委托公司可以更加精准地根据项目的实际情况选择合作伙伴，从而在复杂产品的风险管理工作中取得更好的成果。这样不仅有助于确保风险管理工作能够高效、顺利地完成，还能够为委托公司提供更大的竞争优势。

结论 6-2　当两代理公司地位相同时（$\sqrt{2} \leqslant r < 2$），$\overline{x}_i < \overline{y}_i$，$\overline{x}_j < \overline{y}_j$ 恒成立；当两代理公司地位不同时（$\sqrt{\frac{8}{7}} < r < \sqrt{2}$），$x_j < y_j$ 恒成立，且存在一个 r^*，当 $\sqrt{\frac{8}{7}} < r < r^*$ 时，$x_i > y_i$；当 $r^* < r < \sqrt{2}$ 时，$x_i < y_i$。

结论 6-2 强调了在复杂产品的风险管理过程中，两家代理公司在努力分配方面受到两个主要因素的影响：双方主体地位和复杂产品风险管理的难度。对于地位相同的公司 i 和公司 j，它们更倾向于在协同工作上共同投入努力，这有助于实现充分的合作和协同效益。然而，当代理公司 i 占据主导地位时，可以观察到代理公司 j 更愿意在协同工作方面投入更多的努力，表现出一种积极的协作态度。这种情况下，处于主体地位的代理公司（公司 i）可能会在项目中发挥指导者的角色，引导协作伙伴朝着共同目标前进。

此外，结论 6-2 还指出，在复杂产品风险管理的过程中，风险管理难度的大小也会对努力分配产生影响。当风险管理难度较低时，公司 i 有可能将更多的努力投入到独立工作中，以发掘和实施更高效的解决方案。而当风险管理难度较大时，公司 i 则倾向于在协同工作中投入更多的努力，以应对复杂问题的挑战。

这一结论与实际情况高度吻合。在复杂产品的风险管理实践中，面对复杂的挑战和苦难，协作伙伴之间的努力分配往往会更加灵活。根据各自的优势和角色，合作伙伴可能会在不同的阶段扮演不同的角色，以实现最优的风险绩效。因此，在制定复杂产品风险管理激励机制时，必须充分考虑到代理公司彼此的地位和风险管理工作的难度，以确保合作伙伴之间的有效协作和资源分配。

综上所述，结论 6-2 深入阐述了复杂产品风险管理中努力分配的复杂性。通过理解地位和难度对努力分配的影响，委托公司可以更好地引导合作伙伴在风险管理过程中取得最佳效果。这有助于实现协同工作的最大化和风险管理的最优化，为复杂产品的成功开发提供有力的支持。

结论 6-3　委托公司的最优利润分配方案是 $\alpha = \frac{1}{2}$，β 的大小取决于代理公司的地位和复杂产品风险管理难度的大小，当代理公司地位相同时 $\beta=\frac{r^2-2}{r^2}$，当地位不同时，$\beta=\frac{7r^2-8}{r^2(r^2+4)}$，两种情况下激励系数 β 均随着复杂产品风险管理难度 r 的增加而增加，但 $\alpha>\beta$ 始终成立。

激励系数 α 和 β 作为委托公司对独立工作和协同工作的重要性判断的衡量标准，在复杂产品的风险管理中扮演着至关重要的角色。值得注意的是，通过详细的计算和分析，笔者发现了一个引人深思的现象：在委托公司最优的任务分配方案中，激励系数 α 占据了整个产出的一半，并且这一分配方案并不受复杂产品风险管理难度以及代理公司主体地位等因素的影响。这一发现揭示了一个关键性的洞察，即委托公司要获得最大的回报，首要任务是确保两家代理公司的独立工作能够高效、完美地完成。事实上，代理公司的独立工作不仅仅是项目效益的根本，也是协同工作的基础。

在复杂产品的风险管理工作实践中，代理公司的独立工作具有不可替代的重要性。它们的任务完成与否直接关系项目的整体进度和质量。设想一下，如果一家代理公司未能按时、按质完成自己的任务，不仅会影响其所负责项目的达成目标，还会对与其协同工作的其他代理公司产生连锁影响。这种情况可能导致整个项目的延误，甚至带来更大的风险。正因为如此，委托公司必须将确保代理公司的独立工作任务得以优质完成置于战略首位。

事实上，成功的复杂产品开发项目常常以各个代理公司在独立工作中各司其职、各负其责为基础。当每个代理公司都能够如期交付高质量的独立工作成果时，整个协同工作流程会变得更为流畅和高效。这不仅有助于降低整体风险，还能够为协同工作创造更有利的合作环境，提高整体效率。

6.3 考虑代理人过度自信的复杂产品风险管理工作委托代理模型

在博弈过程中，虽然主体是三家公司，但是真正做出决策的是公司的管理者，根据高层梯队理论，管理者的过度自信水平必然会对公司的决策带来影响。由于复杂产品风险管理过程充满不确定性，代理公司的过度自信水平会影响代理公司对研发结果的预期，从而影响代理公司的期望收益。因此，在不确定性较大的复杂产品研制过程中考虑代理公司的过度自信是非常有必要的。关于过度自信模型，本章借鉴格尔韦（Gervais）的研究成果。格尔韦（Gervais）在他们的市场模型中考虑了过度自信这一因素，他们认为，如果用 A 表示当事人自认为的能力水平，a 表示当事人的实际能力水平，那么它们的差值 $A-a=d$ 就表示过度自信水平[258]。从前述假设中可知，本书中 $a=1$，因此在过度自信的代理公司眼中其能力 $A=1+d$。由此建立考虑过度自信的委托－代理模型。

6.3.1 考虑过度自信的模型建立和计算

假设代理公司 i 具有过度自信，则在代理公司 i 的眼里，其产出函数为 $\pi_i = (1+d)x_i + rx_iy_j + \varepsilon_i$，期望效用 $EU_i = (k-\beta)[(1+d)x_i + rx_iy_j] + \beta(x_j + rx_jy_i) - \frac{1}{2}(x_i^2 + y_i^2)$，对于代理公司 j，其期望效用为 $EU_j = (k-\beta)(x_j + rx_jy_i) + \beta[(1+d)x_i + rx_iy_j] - \frac{1}{2}(x_j^2 + y_j^2)$，此时委托公司的期望收益 $EV_2 = (1-k)(\pi_i + \pi_j) = (1-k)[(1+d)x_i + x_j + r(x_iy_j + x_jy_i)]$，建立代理公司地位相同时代理公司 i 具有过度自信水平的风险管理模型如下：

$$\max_{k,\beta}\{(1-k)(\pi_i + \pi_j) = (1-k)[(1+d)x_i + x_j + r(x_iy_j + x_jy_i)]\} \quad (6\text{-}10)$$

$$s.t. \max_{x_i,y_i}\{(k-\beta)[(1+d)x_i + rx_iy_j] + \beta(x_j + rx_jy_i) - \frac{1}{2}(x_i^2 + y_i^2)\} \quad (6\text{-}11)$$

$$\max_{x_j,y_j}\{(k-\beta)(x_j + rx_jy_i) + \beta[(1+d)x_i + rx_iy_j] - \frac{1}{2}(x_j^2 + y_j^2)\} \quad (6\text{-}12)$$

模型计算结果如表 6-4 所示。

地位相同代理公司 i 具有过度自信时的计算结果　　表 6-4

$\bar{x}_i$	$\bar{y}_i$	$\bar{x}_j$	$\bar{y}_j$	$\bar{k}$	$\bar{\beta}$	$E\bar{U}_i$	$E\bar{U}_j$	$E\bar{V}$
$\dfrac{A}{\bar{R}_1}$	$\dfrac{r^2-2}{r\bar{R}_1}$	$\dfrac{1}{\bar{R}_1}$	$\dfrac{A(r^2-2)}{r\bar{R}_1}$	$\dfrac{3r^2-4}{2r^2}$	$\dfrac{r^2-2}{r^2}$	$\dfrac{A^2r^2-\bar{R}_2}{2r^2\bar{R}_1^2}$	$\dfrac{r^2-A^2\bar{R}_2}{2r^2\bar{R}_1^2}$	$\dfrac{A^2+1}{r^2\bar{R}_1}$

其中：$\bar{R}_1 = 4-r^2$，$\bar{R}_2 = (r^2-2)(r^2-6)$。

从表 6-4 可知，当代理公司地位相同时，代理公司 i 过度自信的特性不但会对自己在独立工作中所投入的努力程度 $\bar{x}_i$ 造成影响，同时也会对与之进行协同工作的代理公司 j 在协同工作中投入的努力程度 $\bar{y}_j$ 造成影响，但对于其自身在协同工作的过程中所投入的努力水平 $\bar{y}_i$ 以及公司 j 在自己独立工作上投入的努力程度 $\bar{x}_j$ 并没有影响。从表 6-5 可以

公司 i 处于主体地位且具有过度自信时的计算结果　　表 6-5

x_i	y_i	x_j	y_j	k	β	EU_i	EU_j	EV
$\dfrac{AR_3}{4R_1}$	$\dfrac{R_2-A^2}{2rR_1}$	$\dfrac{R_3}{4R_1}$	$\dfrac{AR_2-A^3}{4rR_1}$	$\dfrac{R_2+R_3-2A^2}{2r^2R_3}$	$\dfrac{R_3-2R_1}{r^2R_3}$	$\dfrac{X_1}{16r^2R_1}$	$\dfrac{X_2}{32r^2R_1^2}$	$\dfrac{X_3}{32r^2R_1}$

其中：$R_1 = (A^2+2)(2-r^2)$，$R_2 = (3A^2+4)(r^2-1)$，$R_3 = A^2r^2+4$，

$X_1 = A^4r^4 + 16(A^2+1)(r^2-1)$，

$X_2 = A^4r^6 - (15A^6+56A^4+40A^2)r^4 + (56A^6+200A^4+160A^2+16)r^2 - (48A^6+160A^4+112A^2)$，

$X_3 = (A^2r^2-4A^2-4)^2$。

看到，当代理公司 i 处于主体地位时，其过度自信的特性不但会对两个代理公司所有工作任务（独立工作和协同工作）努力水平的选择造成影响，也会对委托公司的最优分配系数造成影响。

结论 6-4

a）两家代理公司的地位决定了代理公司 i 过度自信的影响范围。当两个代理公司的地位相同时，代理公司 i 的过度自信仅对两个代理公司在努力水平的选择上造成影响；当代理公司 i 处于主体地位时，代理公司 i 的过度自信不仅影响两个代理公司的决策，还将影响委托公司激励系数的决策。

b）在代理公司 i 过度自信的影响下，参与各方的收益都会遭受损失。

从结论 6-4 可以看出，协同工作的过程不仅仅是代理公司 i 和 j 之间相互影响的体现，更是一个充满复杂性和多层次因素交织的系统。尽管代理公司 j 本身可能并不具备过度自信的特质，但其在复杂产品风险管理方面的判断、风险事故概率等决策，却难免受到代理公司 i 的影响。

在地位相当的情况下，i 和 j 两家代理公司同时进行决策。这时，代理公司 j 并不完全了解代理公司 i 的决策结果，因此受到的影响仅限于与公司 i 协同工作的努力水平。然而，当代理公司 i 处于主导地位时，其率先决策的结果会让代理公司 j 知晓。这样一来，在独立工作和协同工作方面，代理公司 j 的决策都将受到代理公司 i 的影响。

这种影响并不仅仅局限于决策的方向，还涉及信息的传递和交流。委托公司在协同工作中可能无法准确观察代理公司在风险管理过程中的努力程度，只能通过最终产出来判断代理公司是否真正努力工作。这就形成了一种信息的盲区，使得委托公司在了解代理公司实际表现方面存在一定的困难。

这个信息盲区的范围在不同地位下会有所变化。当代理公司地位相当时，即使代理公司 i 因为过度自信提供了偏离实际的信息，委托公司仍可以通过与代理公司 j 的沟通来修正这些信息，从而减轻盲区的影响。然而，在代理公司 i 主导地位的情况下，情况却完全不同。代理公司 i 的优先决策权使得其在整个组织中拥有更高的信息获取能力，即便这些信息并不总是准确的。这将导致委托公司与代理公司之间的信息盲区趋向于"全盲"，委托公司的决策不可避免地会受到代理公司 i 过度自信的影响。

因此，从更广泛的视角来看，协同工作的过程实际上是一个充满挑战的权衡博弈。代理公司 i 和 j 之间的相互影响，尤其是由过度自信所引发的影响，加剧了整个协同决策体系的不确定性。这不仅要求委托公司在决策过程中更加审慎，还需要代理公司 i 和 j 在协同工作中加强信息的共享与透明度，以便更好地管理潜在的风险和影响。

无论主体地位如何变化，由于过度自信这一有限理性因素的持续影响，代理公司 i 和 j 在制定努力水平上的决策时，逐渐偏离了完全理性情境下能做出的最优决策。过度自信往往使得代理公司高估了自身的能力、预测和判断，从而导致他们在决策中产生偏差。这种决策偏差会对参与各方的期望利益产生直接影响。由于代理公司i和j的决策不再以最大化收益为导向，而是受到过度自信的影响，参与各方在风险管理过程中无法制定最优的决策，从而错失实现收益最大化的机会。

6.3.2 比较分析

从结论6-4可以看到，在代理公司i过度自信的影响下，两家代理公司最优努力水平的选择、委托公司的最优激励系数等都发生了变化。接下来将从代理公司努力水平、委托公司的激励系数两个角度分别论述。

结论6-5

a）当两家代理公司地位相同时，代理公司i的过度自信使其在独立工作过程中的努力水平$\bar{x}_i$提高，同时也让代理公司j协同工作的努力水平$\bar{y}_j$提高，代理公司i的过度自信水平越高，对这两类努力的正向影响作用越大。从代理公司j的角度来看，在地位相同时，代理公司i过度自信的特性能够促进其进行协同工作。

b）当代理公司i处于主体地位时，代理公司i的过度自信有助于提高代理公司i在独立工作上的努力水平，但会削弱其在协同工作上的努力水平。对于代理公司j，代理公司i过度自信的影响会使其调低自己在独立工作上投入的努力水平。当给定代理公司i的过度自信水平时，若该复杂产品风险管理工作对协同工作的需求较小时，代理公司i过度自信会削弱代理公司j在协同工作过程中努力程度的投入；若该复杂产品风险管理工作对协同工作的需求较大时，代理公司i的过度自信会提高代理公司j在协同工作中努力程度的投入。

证明：对比表6-2和表6-4中的计算结果可以很明显地看到，结论6-5a）中的对于地位相同时的解释。接下来主要证明分析地位不相同的情况。首先分析代理公司i的过度自信特性对x_i的影响。$\underline{x}_i - x_i = \dfrac{1}{12} \dfrac{(3A^3 - A^2 - 2)r^2 - 4A^2 + 12A - 8}{(A^2 + 2)(2 - r^2)}$，其中$1 \leqslant A \leqslant 2$，$\sqrt{\dfrac{8}{7}} < r \leqslant \sqrt{2}$。通过求导很容易证明分子$(3A^3 - A^2 - 2)r^2 - 4A^2 + 12A - 8 \geqslant 0$，即$\underline{x}_i - x_i \geqslant 0$。同理可证$\underline{y}_i - y_i < 0$。这说明在代理公司$i$处于主体地位时，其过度自信水平会使得代理公司$i$在独立工作上的努力程度增加、协同工作上的努力投入减少，同时也使得代理公司j在独立工作上的努力水平减少。这可以解释为，由于代理公司i存在过度自信，代理公司i认为自己在单位努力投入中能够创造更多的价值，因此会增加自己在独立工作中的投入。由于协同工作的产出不仅仅取决于自己的努力水平，还取决于合作公司的努力水平，相比于独立工作而言其不可控性更低，因此当代理公司i具有优先决策权时，为最大化收益将会减少自己在协同工作中的投入。由此分析可以看

出，在风险管理的协同工作中，代理公司 i 的过度自信可以促进其在独立工作上的投入，但会削弱其在协同工作上的投入。对于代理公司 j 而言，可以证明在代理公司 i 过度自信特性的影响下 $x_j - x_j < 0$，这说明在该种情况下代理公司 j 调低了自己在独立工作上的努力水平。对于公司 j 在协同工作上的投入，在代理公司 i 过度自信的影响下有

$$y_j - y_j = \frac{1}{12} \frac{(9A^3 - 7A^2 + 12A - 14)r^2 - 12A^3 + 8A^2 - 12A + 16}{r(A^2 + 2)(2 - r^2)}, (1 \leq A \leq 2, \sqrt{\frac{8}{7}} < r \leq \sqrt{2})$$

。可知当 $\sqrt{\frac{7}{8}} \leq r \leq \sqrt{\frac{12A^3 - 8A^2 + 12A - 16}{9A^3 - 7A^2 + 12A - 14}}$ 时，$y_j \leq y_j$；当 $\sqrt{\frac{12A^3 - 8A^2 + 12A - 16}{9A^3 - 7A^2 + 12A - 14}} \leq r \leq \sqrt{2}$ 时，$y_j \geq y_j$。可以理解为，当代理公司 i 的过度自信水平确定的时候，若该复杂产品风险管理工作对协同工作的需求小于某一值时，由于代理公司 i 过度自信的存在，代理公司 j 会减少其在协同工作中努力程度的投入；反之，代理公司 j 会增加其在协同工作中努力程度的投入。

结论 6-5 揭示了代理公司 i 的过度自信在不同地位下对协同工作的影响。在地位相同的情况下，过度自信对代理公司 i 和 j 的独立工作和协同工作都产生积极作用。然而，当代理公司 i 处于主体地位时，过度自信的影响变得更为复杂，可能对协同工作产生正向和负向影响，这取决于复杂产品风险管理工作对协同工作的需求程度。

当代理公司 i 和 j 的地位相同时，代理公司 i 的过度自信导致其在独立工作中投入更多的努力，同时也激发了代理公司 j 在协同工作中的努力。这意味着代理公司 i 过度自信的程度越高，其对独立工作和协同工作的正向影响也越显著。从代理公司 j 的角度来看，代理公司 i 的过度自信实际上成为一种激励，促使代理公司 j 更积极地参与协同工作。

然而，当代理公司 i 处于主体地位时，过度自信的影响变得更加复杂。代理公司 i 的过度自信仍然会促使其在独立工作中投入更多的努力，但可能会降低其在协同工作中的努力水平。对于代理公司 j 而言，代理公司 i 的过度自信可能导致不同的结果，这取决于复杂产品风险管理工作对协同工作的需求。

具体而言，如果复杂产品风险管理工作对协同工作的需求较小，代理公司 i 过度自信可能会导致代理公司 j 在协同工作中投入的努力降低，因为代理公司 i 已经过度自信地承担了更多责任。然而，如果复杂产品风险管理工作对协同工作的需求较大，代理公司 i 过度自信会激发代理公司 j 在协同工作中更多的投入，以应对更复杂的风险管理任务。

这一结论强调了代理公司 i 的过度自信在协同工作中的双重作用，以及复杂产品风险管理工作对这种作用的调节效应，提示了在实际管理中，需要根据具体情况评估和引导代理公司 i 和 j 的努力投入，以实现最佳的协同效果。

结论 6-6 委托公司对于代理公司在独立工作上的最优分配系数 α 并不会受到代理

公司i过度自信的影响，$\alpha=\frac{1}{2}$；委托公司对于代理公司在协同工作上的最优分配系数β会因为代理公司i过度自信水平的影响而减少。

证明：由表6-4和表6-5的计算结论可以计算出$\alpha=\underset{\sim}{k}-\underset{\sim}{\beta}=\frac{1}{2}$，$\underset{\sim}{\beta}-\beta=-\frac{4(r^2-2)(A^2-1)}{r^2(A^2r^2+4)(r^2+4)}\leq 0$，命题得证。

$\alpha=\frac{1}{2}$预示着对于委托公司而言，保证代理公司完成自己分内的工作依然是最重要的，这一点并不受代理公司过度自信的影响。但对于协同工作的激励系数β却会因为代理公司i过度自信存在而减少。从$\frac{\partial(\underset{\sim}{\beta}-\beta)}{\partial A}=-\frac{8(r^2-2)^2A}{r^2(A^2r^2+4)^2}\leq 0$可知，随着代理公司$i$过度自信水平的增加，委托公司在协同工作上分配的份额也越来越少。

结论6-6提供了关于委托公司在风险管理工作中对代理公司最优分配系数的不同反应。首先，结论6-6明确指出，在代理公司i和j的风险管理工作中，委托公司对于代理公司在独立工作上的最优分配系数α并不会受到代理公司i过度自信的影响，保持为$\alpha=\frac{1}{2}$。这一发现意味着委托公司在评估代理公司的独立工作时，更倾向于平等地分配任务和责任，不会因为代理公司i的自信程度而偏离均衡分配。这种反应或许源自委托公司对于独立工作的评估更为客观，更容易衡量，不容易受到代理公司i过度自信的影响。

然而，在协同工作方面，结论6-6揭示了一个不同的情况。委托公司对于代理公司在协同工作上的最优分配系数β受到代理公司i过度自信水平的影响而减少。这意味着在协同工作中，委托公司可能会在分配任务和责任时减少给予代理公司i的比例。这种反应或许体现了委托公司的一种策略，旨在减轻代理公司i的过度自信可能带来的潜在风险。

为了更深入地理解这个结论，可以通过一个具体案例来进行探讨。假设委托公司承担了某高速铁路的建设任务。在这个高速铁路的建设过程中，涉及大量的桥梁和隧道，其中隧道开挖过程中的高地应力以及应力分布不均可能导致危险的岩爆现象，给隧道开挖工作带来了严重的安全隐患。在这个案例中，代理公司i和j分别是负责高速铁路设计工作的两家合作伙伴，他们在设计中需要提供安全可靠的施工方案。

然而，代理公司i的过度自信特性可能会对合作过程产生影响。在设计工作中，代理公司i可能倾向于过度主导决策和创新。然而，在高速铁路设计的协同过程中，充分的合作和信息共享对于提出可靠的施工方案至关重要。委托公司可能会担心代理公司i的过度自信导致其在协同工作中忽视其他合作伙伴的意见和建议，对最终方案的质量产生负面影响。为了应对这种情况，委托公司可能需要根据代理公司i的过度自信水平来调整在协同工作中的分配比例。如果代理公司i的过度自信较高，委托公司可能会采取一些措施来减少其在协同工作中的责任份额，以便更好地平衡协同工作的合作性质，包括强化其他合作伙伴的参与，确保方案的全面性和可靠性。然而，如果代理公司i的过度自信水平相对较低,委托公司可能会更多地信任其在协同工作中的能力,保持更加均衡的分配策略,以实现更好的合作效果。

综上所述,结论 6-6 深刻地揭示了委托公司对于代理公司最优分配系数在不同情境下的不同反应。尽管在独立工作方面,委托公司保持均衡分配,不受过度自信影响,但在协同工作方面,委托公司可能会根据代理公司 i 的过度自信水平进行调整。这一结论为实际管理提供了重要启示,提示了在协同工作中应对代理公司过度自信问题的方法,以实现更好的合作和任务分配效果。

6.4 数值算例

为检验上述理论分析的正确性,同时让理论分析的结论具有更好的可视性,本节采用数值算例对前述结论进行验证。由于结论 6-3、6-4、6-6 从表达式就可以看出,此处仅对结论 6-1、6-2 和 6-5 进行验证。

a) 通过观察表 6-2 和表 6-3 可以看到,代理双方地位相同时,表示复杂产品风险管理工作对协同工作的需求程度和技术难度的参数 r 取值存在一个上限,即 $r<2$;同理可知代理公司 i 处于主体地位时 $r<\sqrt{2}$。因此,为验证结论 6-1 的正确性和可视性,仅需要对 r 的下限进行模拟分析。

图 6-3 中呈现的是代理公司地位相同的情况下,各参数随 r 的变化情况。由于每一个参数都具有独特的实际意义,取值均为非负。从图中可知,随着技术难度 r 的不断减小,一些参数陆续开始出现负值。最开始出现的是代理公司在协同工作中投入的努力水平 y_i、y_j 和公司 i 从公司 j 的产出中得到的激励系数 β。通过计算可以确定出该下限值为 $\sqrt{2}$。由此可知出当代理公司地位相同时,$\sqrt{2} \leqslant r<2$。同理可以对图 6-4 做出相应的分析。结论 6-1 得到验证。

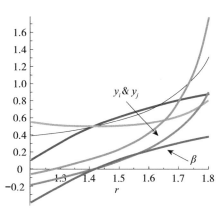

图 6-3 双方地位相同时各参数变化情况

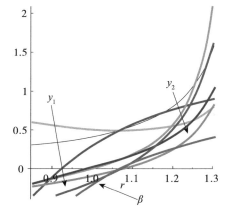

图 6-4 公司 i 处于主体地位参数变化情况

b）结合表 6-4 可知，地位相同时，代理公司 i 用于协同工作的努力水平 y_i 并不受到过度自信水平的影响，图 6-5 中黑色实线即为 y_i 的变化曲线，黑色虚线为代理公司 i 用于独自工作的努力水平 x_i 的变化曲线。从图 6-5 可知，一方面，随着 r 的不断增加，代理公司 i 参与协同工作的努力水平 y_i、独立工作的努力水平 x_i 均在不断增加，且独立工作的努力水平 x_i 高于协同工作的努力水平 y_i；另一方面，随着代理公司 i 过度自信水平的不断上升（d 从 0 上升至 1），用于独立工作的努力水平 x_i 在不断上升，而 y_i 依然保持不变。对于代理公司 j 而言，当地位相同时，代理公司 j 用于协同工作的努力水平 y_j 将会受到代理公司 i 过度自信的影响，独立工作的努力水平 x_j 却不受到影响。图 6-6 中黑色实线代表 x_j 的变化曲线，黑色虚线代表公司 j 参与协同工作时努力水平 y_j 的变化曲线。从图中可知，一方面，随着 r 的不断增加，代理公司 j 的参与协同工作的努力水平 y_j、独立工作的努力水平 x_j 均在不断增加；另一方面，随着代理公司 i 过度自信水平的不断上升（d 从 0 上升至 1），用于独立工作的努力水平 x_j 在不断上升，直至 $x_j > y_j$。结论 6-2 和结论 6-5 得到验证。

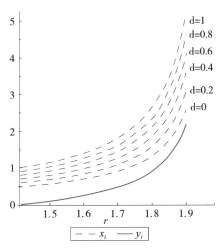

图 6-5　地位相同时 x_i 和 y_i 随 r 的变化情况

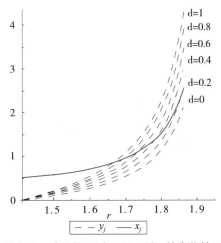

图 6-6　地位相同时 x_j 和 y_j 随 r 的变化情况

当代理公司 i 处于主体地位时，代理公司 i、j 的独立工作努力水平和协同工作努力水平均受到复杂产品风险管理工作对协同工作需求程度、技术难度 r 和过度自信水平 d 的影响。图 6-7 表现的是具有过度自信特性且处于主体地位的代理公司 i 独立工作努力水平 x_i 和协同工作努力水平 y_i 随 r 和 d 的变化情况。随着 r 和 d 的增加，x_i 和 y_i 均在不断增加。图 6-8 表现的是不具有过度自信特性且处于非主体地位的代理公司 j 独立工作努力水平 x_j 和协同工作努力水平 y_j 随 r 和 d 的变化情况。随着 r 的增加，x_j 和 y_j 均在不断增加，但随着 d 的增加，x_j 在不断增加，y_j 却在逐渐减小。

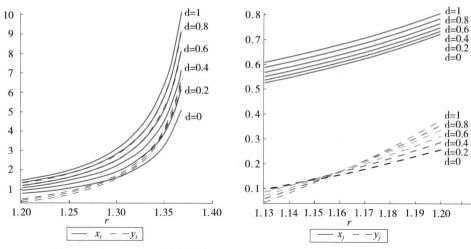

图 6-7 地位不同时 x_i 和 y_i 随 r 的变化情况　　图 6-8 地位不同时 x_j 和 y_j 随 r 的变化情况

6.5 小结

复杂的风险管理工作通常涉及多个领域的知识和技术，单独某一个公司无法掌握所有的相关技术知识。联合不同企业协同作业是当前复杂产品风险管理工作中常用的行业惯例。如何协调好横向合作关系，提高复杂的风险管理工作绩效是复杂产品生产过程中的常见问题。本章以风险管理工作中两两合作模式为切入点，从参与风险管理的企业是否处于主体地位的角度出发，研究了代理公司不同地位及其过度自信对风险管理绩效的影响。研究得出以下结论：①对于定制难度大、协同工作需求高的风险因素，委托公司应该选择地位相同的代理公司开展风险管理工作，反之应该选择地位不同的代理公司；②在激励机制设计方面，为保证委托公司收益最大化，需让独立工作的激励系数始终大于协同工作的激励系数以保证两家代理公司独立工作顺利完成；③代理公司的过度自信会对参与者的决策和产出造成影响，其影响范围因代理公司地位的不同而不同——当两家代理公司地位相同时，这种影响仅存在代理公司之间，当地位不同时这种影响会蔓延至整个组织。

根据本章的研究结论，结合复杂风险管理工作的特点，可以得出一些管理建议，以应对不同情境下的挑战。这些建议涵盖了项目选择、协同工作和奖励机制等方面，旨在优化风险管理的效果，提高整体绩效。

首先，对于技术难度较小的项目，建议优先选择地位相近的公司承担风险管理工作。这样有助于避免过度自信因素带来的影响，促使合作伙伴更均衡地参与风险管理工作。对于那些涉及更复杂管理难度的风险因素，建议在合作伙伴选择中考虑选择地位不同的公司。通过将某一企业置于主体地位，可以一定程度提高整体的管理绩效。这样的安排有助于明确责任分工，减少混乱和冲突，提升项目的执行效率和质量。

其次，在实施风险管理过程中，关键是保障参与公司独立工作的顺利进行。这是协同工作的基础。只有各参与方在独立工作上有了充分的准备和成果，才能为协同工作提供坚实的基础。因此，管理团队应确保每个参与公司能够充分发挥其专业优势，按时按质完成独立任务。在此基础上，激励协同工作的展开，通过合适的激励机制，激发各方积极性和创造力。只有在独立工作和协同工作之间取得良好平衡的前提下，风险管理工作才能达到更加令人满意的效果。

最后，考虑到代理公司地位不同的情况，对于具有过度自信特点的代理公司，建议在合作过程中适当降低其在提成方面的权益。这一建议的目的是避免过度自信可能带来的不利影响。在协同过程中，各参与方的积极贡献对于整体项目的成功非常关键。然而，如果某一代理公司过于自信，可能会倾向于过分主导决策，从而降低协同效果。通过降低其在提成方面的权益，可以促使代理公司更加理性地参与协同工作，减轻其过度自信可能造成的不利影响。这种奖励机制的调整有助于构建更加平衡和公正的合作环境，提高项目的整体收益。

通过本章研究，我们提出了一系列针对复杂产品设计阶段风险管理工作的管理建议。这些建议旨在解决在过度自信影响下可能出现的挑战，优化风险管理工作的效果。通过合理的项目选择、充分的协同工作、适当的奖励机制等措施，可以帮助组织在复杂环境中更加有效地开展风险管理，实现项目的成功和稳定发展。

第 7 章　复杂产品研发阶段的风险治理激励机制研究

在复杂产品的研发阶段，风险管理与技术创新紧密交织，这种紧密关联带来了新的挑战。由于研发涉及多个不同领域的技术和知识，风险管理活动往往超越了单一企业或研究机构的能力边界。因此，多个企业联合起来，共同参与风险管理，已经成为应对复杂产品风险因素的一种常见做法。这种合作网络的建立使得各企业形成了一个错综复杂的关系网，共同协作以解决研发阶段风险管理方面的问题。通过集合不同企业的专业知识和经验，合作网络可以为研发提供更全面的视角和更多的解决方案，从而为复杂产品的成功开发提供有力支持。通过共同努力和协作，各企业能够共同应对研发过程中的挑战，推动科技的进步，实现创新的突破。

在复杂产品研发的过程中，知识和技术的多样性与广泛性为风险管理工作带来了独特的复杂性。这种多样性和广泛性涵盖了各种技术和领域，使得不同专业领域的知识相互交织，然而，也衍生了严重的信息不对称和道德风险。在这种情况下，复杂产品的主制造商需要更为精心地设计激励机制，以确保风险管理措施在这种多元环境中得以更加合理、高效地实施。信息不对称问题意味着不同企业和从业人员拥有的信息和知识存在差异，可能导致决策过程的不平衡。与此同时，道德风险涉及合作网络中的一些企业或个人可能因信息不透明而面临诚信和道德方面的挑战，可能采取不诚实的行为。这两种因素相互交织，影响着复杂产品风险管理的有效性以及整个合作网络的稳定性。在这一背景下，主制造商需要思考如何通过设计精巧的激励机制应对信息不对称和道德风险。激励机制可以通过奖励那些愿意分享信息、积极参与风险管理，以及展现诚信行为的企业和个人，减少信息不对称和道德风险，包括建立透明的信息共享平台，对与风险管理相关的最佳实践进行奖励，以及强调诚信和合作的重要性。通过这些激励机制，可以鼓励企业更积极地参与风险管理，促进知识和信息的分享，从而提升整个合作网络的效能。

在激励机制设计的过程中，依然需要考虑过度自信对风险管理工作的潜在影响。正如前述章节中提到的，过度自信可能导致从业人员高估自身能力，低估风险的严重性，从而影响其对风险管理措施的认识和实施。虽然自信是推动创新和积极行动的重要动力，但在过度自信的影响下，人们可能会产生盲目乐观的态度，忽视潜在的问题和挑

第7章 复杂产品研发阶段的风险治理激励机制研究

战。在这种情况下,风险管理可能变得不够全面和严密,可能会出现未能及时识别和应对风险的情况。

由于复杂产品研发阶段中各企业紧密合作,共同应对风险挑战,过度自信在这一合作过程中可能相互传递,并且对风险管理的效果产生深远影响。当一个企业或从业人员表现出过度自信,其态度和行为可能影响其他成员,导致低估风险,采取不充分管理措施。这种自信的传递可能会在合作网络中扩散,形成一种不真实的"乐观氛围",最终削弱整个风险管理的有效性。为确保风险得到适当评估和管理,复杂产品研发阶段风险管理合作网络中的企业需要密切关注过度自信的传递现象,并采取相应措施来抑制其影响,这样有助于保持合作网络的风险管理活动在理性和务实的轨道上,确保复杂产品研发的顺利进行。

既有文献在"风险治理""过度自信"和"网络"的两两交叉领域已经开展了一些研究。在"风险管理"和"网络"的交叉领域,姚迪与詹伟围绕特定项目,在东道国面临的政治、经济、社会治安、商业和自然环境等外部要素中,采用主成分分析方法,构建了综合评价标准,以衡量"一带一路"沿线各国外部风险,计算了这些国家外部风险的关联性,并建立了风险关联网络。此外,他们还分析了在不同阶段,"一带一路"倡议沿线国家项目面临的外部风险关联结构的变化[259]。张飞鹏等学者融合了滑动窗口分位数回归与局部高斯相关方法,构建了局部高斯相关网络。并基于该方法,通过研究中国证券市场股票整体和尾部收益之间的非线性相关性,深入分析了2018~2021年中国A股市场50家上市企业关联网络的演化特征。该研究还深入探讨了新冠肺炎疫情和中美贸易冲突时期,上市公司网络风险的变化情况[260]。Li等人使用复杂网络构建复杂的产品协同制造供应链网络,并建立了基于SoV(方差总和)的质量风险传播模型。基于该模型,他们提出了一种基于风险传播效应识别供应链网络关键质量风险因素的方法,研究质量风险如何在共同生产复杂产品的公司网络中传播和积累[75]。米兹吉尔(Mizgier)通过进行全球敏感度分析和风险汇总,以管理多产品供应链网络中的风险,并通过使用现实世界的数据来验证该模型,研究发现采用该模型进行风险管理将显著提高供应链风险管理的效果[261]。在"过度自信"和"网络"的交叉领域,既有文献也结合不同行业进行了探索。例如,马胜利和姜博基于网络视角研究了管理层的过度自信、多重网络嵌入与集群企业协同创新绩效之间存在的相互影响关系,指出企业管理层的过度自信会对集群企业的协同创新绩效产生影响,且这种影响的内在机理非常复杂。因此,在设计协同创新机制时,应充分考虑管理层过度自信的影响,并建立有针对性的风险预警机制[262]。吴彦莉和胡劲松构建了考虑零售商过度自信的双渠道供应链网络均衡模型,分析了由供应商、分销商以及零售商构成的双渠道供应链中的网络均衡问题,探索了在市场不同类型信息下(有利信息和不理信息),零售商过度自信这一有限理性因素对其订购决策的影响[263]。为了探索过度自信对人们在股票交易市场中互动方式的影响机理，以及过度自信如何影响市场的整体行为，德莱利斯（De Lellis）等人使用计算机模拟研究了过度自信的代理人对金融市场动态的影响，发现过度自信会导致市场多样化程度降低，而自信和不太自信的代理人混合会导致市场行为更加复杂和多样化[264]。杨刚等人基于动态能力理论、社会网络理论与社会认知理论，构建网络能力影响商业模式创新的核心理论框架，探讨知识整合中介效应以及创业者过度自信的调节效应。研究发现过度自信在内外部网络能力与知识整合间均起负向调节作用[265]。"风险管理"和"过度自信"交叉领域的相关研究成果已经在第5章和第6章做过梳理，此处不再赘述。

然而，在"风险治理""过度自信"和"网络"三个领域的交叉处目前还没有研究展开分析。本章将以复杂产品为研究对象，选择社会网络视角对复杂产品研发阶段的风险治理激励机制展开分析。具体而言，本章研究以下4个方面的问题：①复杂产品风险管理研发层面合作网络的特点是什么？②哪些因素会影响这个网络？③网络中行为主体的行为选择模式是什么？④参与企业的过度自信在网络中有何种影响？会如何传播？

7.1 模型假设

在某复杂产品研制初期，风险识别工作就指出在研制过程将会遭遇一风险因素，该风险因素无法通过风险规避或转移的方式进行处理，只能采取相应措施开展正面的风险应对。通过进一步的风险分析发现，要有效应对该风险因素，将其造成的损失降至可接受程度需要实施 m 项技术创新，为此主制造商邀请 n 家单位（代理公司）对这 m 项技术展开技术攻关。每一项技术由一家代理公司牵头联合若干其他代理公司共同完成，各代理公司之间存在相互合作的关系，相互之间因合作而形成一张错综复杂的网络结构。该情况在现实中也比较常见。例如，在第3章中提到的兰新高铁第二双线（新疆段）建设过程中应对大风天气这一风险因素所建立的技术攻关团队就属于这种组织方式。本章的研究基于以下几项假设条件：

假设7-1 令公司 i 为该研发网络中的任意一家代理公司，其技术研发工作包含两部分：一部分需要靠自己独自试验、分析以获取实验数据和结论（独立工作）；另一部分需要与其他代理公司共同试验、分析完成（协同工作）。令 x_i 表示公司 i 独立工作所需要付出的努力，y_i 表示协同工作所需要付出的努力。

假设7-2 令 a_i 表示公司 i 独立研发工作的单位努力水平的产出，则公司 i 独立研发工作的产出为 $a_i x_i$。令 r 表示协同工作中单位努力水平的产出，取值越大表示该技术研发过程中对协同工作的需求越高、技术难度越大。假设公司 i、j 协同工作的产出为 $a_i y_i + r g_{ij} y_i y_j$，其中 g_{ij} 为0-1变量，当代理公司 i 和 j 之间存在协同工作的关系时

$g_{ij}=g_{ji}=1$，当代理公司 i 和 j 之间不存在协同工作关系时 $g_{ij}=g_{ji}=0$，特别的 $g_{ii}=0$。令 $\mathbf{G}=(g_{ij})_{n \times n}$ 表示该复杂产品风险管理工作中因协同工作而形成的合作网络的邻接矩阵，可知邻接矩阵 $\mathbf{G}$ 为对角线元素均为 0 的对称方阵。

假设 7-3 令 π_i 表示公司 i 的产出，假设公司 i 的产出函数为：

$$\pi_i = a_i(x_i+y_i) + \sum_{j=1, j \neq i}^{n} r g_{ij} y_i y_j + \varepsilon_i \tag{7-1}$$

其中 ε_i 为自然环境变量，表示外部环境对代理公司 i 产出的影响，服从均值为 0，方差为 σ^2 的正态分布，即 $\varepsilon_i \sim N(0, \sigma^2)$[254]。该产出函数是在 Zhou、巴莱斯特（Ballester）、泽诺（Zenou）等人研究基础上的改进[266, 267, 17]。在他们的研究论文中，主要强调的是网络中（例如社交网络）行为主体自身的行为对他人的影响，并不涉及行为主体主动参与其他人的社会活动中影响他人的行为。换而言之，他们所研究的"影响"是被动的、无意识的，但在复杂产品风险管理技术研发工作中两个合作的研发单位相互之间的影响是主动的、有意识的，最突出的特点就是他们会在完成自己独立工作的任务（即投入努力水平 x_i）之后再投入额外的努力（y_i）与合作单位开展合作。因此本章对上述几人的研究成果进行了改进，给出了式（7-1）的产出函数。

假设 7-4 令 C_i 表示代理公司 i 的努力成本。大多数情况下，边际成本会随着单位努力程度的增加而增加[255, 256]，因此假设：

$$C_i = \frac{1}{2}(x_i^2 + y_i^2) \tag{7-2}$$

假设 7-5 复杂产品的研制过程中，任何一家企业都不可能独自完成所有的风险管理工作，在研发层面更是如此，多企业合作、协同治理已经成为行业惯例。委托公司深知这一点，因此在设计激励机制时就考虑到需要同时激励代理公司的独立工作和协同工作。基于这一现实情况，本章借鉴克雷奇默（Kretschmer）等人在对复杂组织结构的专业化和集成化展开研究时提出的激励机制函数[257]，假设代理公司的收益来源于两个方面：一部分是根据自己独立工作的提成，提成比例为 α；另一部分则是根据整个复杂产品风险治理工作产生的绩效进行提成，比例为 β，$0<\alpha+n\beta<1$。则代理公司的收益函数为：

$$S_i = \alpha \pi_i + \beta \sum_{j=1}^{n} \pi_j \tag{7-3}$$

假设 7-6 假设代理公司均为风险中性，令 EU_i 表示公司 i 的期望效用，根据前述假设可知：

$$EU_i = \alpha \pi_i + \beta \sum_{j=1}^{n} \pi_j - \frac{1}{2}x_i^2 - \frac{1}{2}y_i^2 \tag{7-4}$$

本章的博弈顺序如下，先由委托公司向代理公司介绍复杂产品所面临风险因素的相关情况，然后提出激励方案（即确定 α 和 β）。随后，代理公司确定自己的努力水平，完成复杂产品的研发生产工作，最后得到各自的收益，博弈顺序如图 7-1 所示。

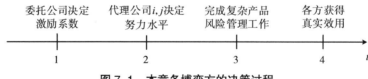

图 7-1 本章各博弈方的决策过程

在后续行文中，加粗的符号表示矩阵，例如 **G**、**X**、**Y**、**I** 表示不同的矩阵。本章使用的符号汇总见表 7-1。

本章所用符号 表 7-1

符号	含义
x_i	公司 i 独立工作所需要付出的努力
y_i	公司 i 协同工作所需要付出的努力
r	协同工作中单位努力水平的产出
a_i	公司 i 独立研发工作的单位努力水平的产出
C_i	代理公司 i 的努力成本
S_i	代理公司 i 的收益
EU_i	代理公司 i 的期望效用
g_{ij}	公司 i 与公司 j 之间协同工作的关系
G	该复杂产品风险管理工作中因协同工作而形成的合作网络的邻接矩阵
ε_i	自然环境变量，表示外部环境对代理公司 i 产出的影响
α	代理公司根据自己独立工作的提成比例
β	代理公司从整个复杂产品风险管理工作产生的绩效进行提成的比例
$\mu_{\max}(\mathbf{G})$	矩阵 **G** 的最大特征值
$\mathbf{G}^T$	矩阵 **G** 的转置矩阵
I	单位矩阵
$\mathbf{1}_n$	具有 n 个元素且所有元素均为 1 的列向量

7.2 n 家代理公司均完全理性的激励模型

当复杂产品风险管理中的技术研发工作有 n（$n \geqslant 3$）家代理公司参与且相互之间存在合作关系时，这 n 家代理公司将形成一个包含 $N=\{3, 4, \cdots, n\}$ 个主体的合作网络[268]。每一家参与技术研发的代理公司都是网络中的一个节点，代理公司之间的合作关系则是网络中节点间的连线。根据前述假设可知此种情况下的理论模型为：

第7章 复杂产品研发阶段的风险治理激励机制研究

$$\max_{x_i、y_i} EU_i = \max_{x_i、y_i} \left(\alpha\pi_i + \beta \sum_{j\neq i}^{n} \pi_j - \frac{1}{2}x_i^2 - \frac{1}{2}y_i^2 \right) \quad (7-5)$$

$$s.t. \begin{cases} x_i \geq 0, \ y_i \geq 0 \\ EU_i \geq 0 \\ 0 \leq \alpha \leq 1, \ 0 \leq \beta \leq 1 \\ r \geq 0 \\ \alpha + 2\beta < 1/\mu_{\max}(\mathbf{G}) \end{cases} \quad (7-6)$$

模型中 $\mu_{\max}(\mathbf{G})$ 表示矩阵 $\mathbf{G}$ 的最大特征值。根据 Ballester 等人的研究可知,当 $\alpha+2\beta<1/\mu_{\max}(\mathbf{G})$ 时,该模型具有稳定的纳什均衡解[17, 269]。由 $\partial EU_i/\partial x_i = a_i(\alpha+\beta) - x_i = 0$ 可知,$x_i^* = a_i(\alpha+\beta)$。令 $\mathbf{X}^* = [x_1^* x_2^* x_3^* \cdots x_n^*]^{\mathrm{T}}$,$\mathbf{A} = [a_1 a_2 a_3 \cdots a_n]^{\mathrm{T}}$,则有:

$$\mathbf{X}^* = (\alpha+\beta)\mathbf{A} \quad (7-7)$$

由 $\partial EU_i/\partial y_i = 0$ 可求得 $y_i^* = (\alpha+\beta)a_i + r(\alpha+\beta)\sum_{j=1, j\neq i}^{n} g_{ij}y_j + r\beta\sum_{j=1, j\neq i}^{n} g_{ji}y_j$。令 $\mathbf{Y}^* = [y_1^* y_2^* y_3^* \cdots y_n^*]^{\mathrm{T}}$ 则有 $\mathbf{Y}^* = (\alpha+\beta)\mathbf{A} + r(\alpha+\beta)\mathbf{G}\mathbf{Y}^* + r\beta\mathbf{G}^{\mathrm{T}}\mathbf{Y}^*$,其中 $\mathbf{G}^{\mathrm{T}}$ 为 $\mathbf{G}$ 的转置矩阵。由于 $\mathbf{G}$ 为对称阵,可知 $\mathbf{G}^{\mathrm{T}} = \mathbf{G}$。通过矩阵运算可得:

$$\mathbf{Y}^* = (\alpha+\beta)(\mathbf{I}-Q\mathbf{G})^{-1}\mathbf{A} \quad (7-8)$$

其中 $\mathbf{I}$ 为单位矩阵,$Q = (\alpha+2\beta)r$。

为便于论述,后续结论及其论述以技术研发网络中任一一家代理公司 i 为例。

结论 7-1 当有 $n(n\geq 3)$ 家代理公司参与到复杂产品研发阶段的风险管理工作中且相互之间存在合作关系时,

a)代理公司 i 在独立工作上选择的最优努力水平 x_i^* 与其自身的能力水平 a_i 呈正相关,委托公司提供的激励系数 α、β 在这种正向关系中扮演着正向调节的作用;

b)代理公司 i 在协同工作上选择的最优努力水平 y_i^* 与代理公司自身的能力水平 a_i 以及与之合作的代理公司的能力水平 $a_j(j\neq i)$ 呈正相关的关系,委托公司提供的激励系数 α、β 在这种正向关系中扮演着正向调节的作用;

c)代理公司 i 在协同工作上选择的最优努力水平 y_i^* 与跟其合作的代理公司所选择的协同工作努力水平 y_j^* 呈正相关的关系,委托公司提供的激励系数 α、β 在这种正向关系中扮演着正向调节的作用。

结论 7-1 指出了以下关键观点:

首先,代理公司在独立工作阶段选择的最优努力水平与其自身能力水平呈正相关。这意味着代理公司倾向于在其能力范围内更加努力地从事独立工作。委托公司所提供的激励系数 α、β 在这种正向关系中扮演着正向调节的角色。这一发现强调了激励机制对于激发代理公司在独立工作中的投入和创新意愿的重要性。

其次，在协同工作阶段，代理公司的最优努力水平与其自身能力以及与之合作的其他代理公司的能力呈正相关。这表明代理公司在合作时倾向于与能力相近的公司合作，并在合作中投入更多的努力。委托公司提供的激励系数 α、β 同样在这种正向关系中发挥调节作用。这一观点强调了合作伙伴选择和激励设计对于协同工作效果的影响。

最后，在协同工作阶段，代理公司的最优努力水平还与其合作的其他代理公司所选择的协同工作努力水平呈正相关。这意味着当合作伙伴选择更高的协同工作努力水平时，代理公司也会愿意投入更多的努力，以保持协同一致性和协调性。委托公司提供的积极激励系数 α、β 进一步加强了这种正向关系，促进了更高效的协同工作和风险管理。

值得注意的是，在影响其他代理公司最优努力水平的决策过程时，代理公司自身的能力水平是非常重要的影响因素：在同等激励强度下（即 α 和 β 值一定时），代理公司自身能力越强，在协同工作中对其他代理公司的影响越大。因此，定义代理公司的能力水平为该协同研发网络的主体因素。所谓该协同网络的主体因素就是指参与协同工作的主体自身的能力水平，是参研单位自身具备的特征，与外界环境无关。

从结论 7-1 还可以看到，委托公司提供的激励方案在参研单位相互合作的过程中扮演着举足轻重的角色。激励系数越高，代理公司的能力与所选择的最优努力水平之间的正向关系越强烈。因此，定义委托公司提供的激励方案为该协同研发网络的环境因素，与主体因素不同的是，环境因素是一个外生变量，它描述的是整个研发网络所处的环境。

正如拉丰（Laffont）在他的经典之作《激励理论：委托代理模型》(*The theory of incentives: the principal-agent model*) 中提到的，制定一个较高的激励系数通常能够带来与之相匹配的高努力水平，但一个固定的激励系数可能也会带来一些道德风险的问题[179]。如果能通过某种形式使得委托公司的激励系数随着代理公司的工作绩效而浮动，则能够更好地激励代理公司努力工作。另一方面，从结论 7-1（c）可以看到，代理公司在协同工作努力水平的选择受到与之协同工作的代理公司的协同工作努力水平的影响。因此可以合理推测，代理公司的协同工作努力水平的最终演化结果通常是"一荣俱荣，一损俱损"。试想在协同研发网络中存在一家企业，直接或间接的，与其他所有的企业都有合作关系，如果其协同工作一直处于较低的努力水平，那么最终整个研发网络协同工作的努力水平都将趋于一个较低的状态，反之亦然。因此，为保证研发层面复杂产品风险管理工作一直保持在较高的水平上，一个重要的管理措施就是让网络中重要的、影响力较大的参研单位一直处于较高的努力水平。前面提到，能力越强的影响力越大，除了主体因素之外，参研单位在研发网络中所处的位置也会影响其影响能力。

结论 7-2 在协同工作网络结构不变的情况下，增加 α、β 和 r 的值能够使处于网络中的代理公司相互之间的影响强度更高，代理公司的网络中心性更强。

令 $\mathbf{b}=[\mathbf{I}-(\alpha+2\beta)r\mathbf{G}]^{-1}$，当 $(\alpha+2\beta)r>0$ 时，$\mathbf{b}=[\mathbf{I}-(\alpha+2\beta)r\mathbf{G}]^{-1}=\sum_{k=0}^{+\infty}(\alpha+2\beta)^k r^k \mathbf{G}^k$。可知 $\mathbf{b}$ 为对角线元素不为 0 的 n 阶方正，即：

$$\mathbf{b}=\sum_{k=0}^{+\infty}(\alpha+2\beta)^k r^k \mathbf{G}^k = \begin{bmatrix} b_{11} & b_{12} & \cdots & b_{1n} \\ b_{21} & b_{22} & \cdots & b_{2n} \\ \vdots & \vdots & \ddots & \vdots \\ b_{n1} & b_{n2} & \cdots & b_{nn} \end{bmatrix}_{n \times n} \quad (7-9)$$

其中，该复杂产品对协同工作的需求强度（r）是一个影响代理公司努力水平决策过程的外生变量，与 α 和 β 一样，它也是描述整个协同工作网络所处环境的重要因素。因此，本研究定义 r 也为协同工作网络的环境因素之一。α、β 和 r 共同描述了复杂产品风险管理技术协同研发网络。从式（7-9）可知，随着 α、β 和 r 值的增大，处于网络中的代理公司相互之间的影响强度更强，代理公司网络中心性越大。

结论 7-2 表明，在协同工作网络结构不变的情况下，通过增加代理公司根据自身独立工作的提成比例 α、代理公司从整个复杂产品风险管理工作中获得的绩效提成比例 β，以及协同工作中单位努力水平的产出值 r，可以增强处于网络中的代理公司之间的相互影响强度，从而提高代理公司在网络中的中心性。

这一结论暗示了以下几个关键点：

首先，通过增加代理公司根据自身独立工作的提成比例 α 和代理公司从整个复杂产品风险管理工作中获得的绩效提成比例 β，可以激发代理公司更积极地参与独立工作和协同工作。在传统的代理理论中，提成机制被认为是一种激励手段，可以将代理公司的利益与委托公司的目标相结合。通过增加提成比例，代理公司可能会有动力在独立工作中投入更多的努力，因为他们有望获得更高的经济回报。此外，提高整个复杂产品风险管理工作中的绩效提成比例，也会鼓励代理公司在协同工作中更加配合与努力。代理公司可能会倾向于在合作中展现出高效率和高质量的工作，以获得更多的绩效奖励。这些积极的激励效应可能会增强代理公司之间的合作意愿，从而提升了它们在协同工作网络中的影响力。

其次，协同工作中单位努力水平的产出值 r 的增加，可能会对代理公司的中心性产生积极影响。当代理公司在协同工作中能够创造更多的价值，表现出更高的效率和能力时，其他合作伙伴很可能会更倾向于与这些代理公司合作。高单位努力水平的产出值意味着代理公司在协同工作中可以产生更多的成果，这可能会导致其他代理公司更愿意与其合作，提高了其在协同工作网络中的影响力和地位。这种情况下，代理公司可能会成为网络中的关键节点,拥有更多的信息流通和资源调配的能力,进而加强整个网络的合作和协同效果。

一般而言,随着参研单位的确定,参研单位之间的合作关系也将确定下来,该复杂产品风险管理技术研发中协同工作的网络结构也随之确定。委托公司提供的激励系数(α 和 β)以及该风险管理技术研发对协同作业的需求(r)共同决定了该网络所处的管理环境。如果 $\alpha=0$、$\beta=0$,对于代理公司而言失去了参与协同工作的动力;如果 $r=0$,各代理公司的协同工作没有实际意义上的产出,协同工作也没有存在的实际意义。相反,如果 α、β 和 r 的值增大,则复杂产品风险管理中的合作关系就更加紧密。如果把复杂产品风险管理工作中的这种网络关系比作渔网,渔网中的交点比作一个企业的话,那么 α、β 和 r 就共同决定了该渔网的材质。当他们的取值比较小时,该渔网就是用棉线构成的,很容易被撕裂;当他们的取值比较大时,该渔网就是用铁丝做成的,撕裂的难度就大很多了。

在邻接矩阵 $\mathbf{G}=(g_{ij})_{n\times n}$ 表示的网络中,如果两个节点 i 和 j 被一条边连接(即中间没有其他的节点),那么就存在一条长度为 1 的路径,即 $g_{ij}=1$,如果 i 和 j 之间存在一条长度为 2 的路径,则意味着存在另一个节点 h,使得 $g_{ih}g_{hj}=1$。巴莱斯特(Ballester)等人在分析如何在经济生活的社会网络中找出关键人物时曾指出,网络中两个主体之间的距离越远(即长度越大),二者之间的相互影响作用会逐渐衰减,长度越大的两个节点之间的相互作用越小。巴莱斯特(Ballester)等人在研究中用一个衰减系数描述了随着长度的增大,节点对中心性影响逐渐变小的这种趋势[270, 17, 266]。由于他们的研究侧重于分析网络结构、识别关键成员,因此对于这种趋势变化的内涵并没有做出具体的论述[271]。

令 $\mathbf{b}$ 中的第 i 行、第 j 列元素为 b_{ij},则有 $b_{ij}=\sum_{k=0}^{+\infty}(\alpha+2\beta)^k r^k g_{ij}^{[k]}$ [267]。$g_{ij}^{[k]}$ 为 $\mathbf{G}^k$ 第 i 行、第 j 列元素,它表示节点 i 和节点 j 之间长度为 k 的路径的数量,因此 b_{ij} 表示节点 i 和节点 j 之间所有路径(即合作关系)数量的总和(包括直接合作和间接合作),反映了协同工作网络中两参研单位之间的相互影响。由于 $0<(\alpha+2\beta)r<1$,可知距离越远的节点影响衰减得越严重[即 k 越大,$((\alpha+2\beta)^k r^k)$ 越小]。可见,衰变系数的内涵正是该网络所处环境的情景变量。对于复杂产品风险管理协同研发工作的合作网络而言,委托公司提供的激励系数是维系合作网络的内在需求,而复杂产品风险管理工作中对于协同工作的需求强度是合作网络形成的客观原因。

对于委托公司而言,从 α、β 和 r 入手对研发网络环境进行控制是管理协同确认绩效的落脚点。例如,在复杂产品协同工作需求 r 一定的情况下,通过提高 α、β 的值能够增加合作网络的紧密度。从表达式可以看出增加代理公司在整体产品上的收益系数 β

的效果更为明显。

结论 7-3　当环境因素和主体因素一定时，

a）代理公司的网络中心性随其协作单位数量的增加而增加；

b）代理公司的网络中心性随其与协作单位的合作深度的增加而增加。

令 $\mathbf{M}=\mathbf{b}\mathbf{1}_n$，其中 $\mathbf{1}_n$ 为 $n \times 1$ 且元素全为 1 的列向量，则有：

$$\mathbf{M}=[\mathbf{I}-(\alpha+2\beta)r\mathbf{G}]^{-1}\mathbf{1}_n = \begin{bmatrix} b_{11} & b_{12} & \cdots & b_{1n} \\ b_{21} & b_{22} & \cdots & b_{2n} \\ \vdots & \vdots & \ddots & \vdots \\ b_{n1} & b_{n2} & \cdots & b_{nn} \end{bmatrix}_{n \times n} \begin{bmatrix} 1 \\ 1 \\ \vdots \\ 1 \end{bmatrix} = \begin{bmatrix} m_1 \\ m_2 \\ \vdots \\ m_n \end{bmatrix} \qquad (7\text{-}10)$$

其中 $m_i = \sum_{l=1}^{n} b_{il}$。

可知 $\mathbf{M}$ 是一个与代理公司自身能力无关的变量，只与制造商提供给代理公司的激励系数（α 和 β）、该复杂产品对协同工作的需求强度（r）以及该复杂产品风险管理技术研发协同工作中的合作关系（$\mathbf{G}$）有关的量，它是对该复杂产品风险管理技术研发协同工作网络的描述，即该技术研发协同网络的 Katz-Bonacich 网络中心性[17]。$\mathbf{M}$ 中的元素 m_i 代表了协同工作网络中代理公司 i 对所有其他协作公司的影响。因此，在复杂产品的协同工作网络中，某一个代理公司的网络中心性取决于与该代理公司展开协同工作的公司的数量，也取决于该代理公司与另一个代理公司之间合作的深度——当代理公司 i 和 j 之间存在直接合作关系的时候，二者的合作深度是最大的，当代理公司 i 只是代理公司 j 合作对象的合作对象时，则二者之间的距离要远一些，以此类推。可见，"数量"和"距离"是决定协同工作网络中的参研单位中心性的基本要素，因此，我们定义这两个要素为描述协同工作网络的结构因素，结构因素是由参研单位之间的合作关系决定的。

在环境因素和主体因素相对稳定的背景下，结论 7-3 提供了关于代理公司在协同工作网络中影响力的见解，特别强调了协作策略对网络中心性的重要影响。

首先，协作单位数量与代理公司的网络中心性之间存在着紧密的关联。当代理公司选择与更多的合作伙伴进行协作时，其在整个协同工作网络中的地位逐渐上升。这一现象可以用一个生动的例子来解释。想象一家科技公司正在开发一款复杂的智能设备，需要涵盖硬件、软件、设计和市场等多个领域的知识。该公司选择与多家专业领域的合作伙伴进行合作，每家公司都在其领域内具有高度的专业知识和经验。这样的多方协作不仅能够为项目提供广泛的专业支持，还能够吸引更多的资源和关注，使得该科技公司在协同工作网络中的地位变得更加核心，也更有影响力。

其次，代理公司与协作单位的合作深度对网络中心性产生着显著影响。随着代理公司与合作伙伴之间合作的不断深化，其在协同工作网络中的地位逐渐提升。现在可以通过一个现实例子来进一步说明。考虑一个国际航空制造企业与一家先进材料研究机构合作开发新型轻质材料以提升飞机燃油效率。随着合作深入，双方开始共享更多机密信息，联合开展更深入的研究，甚至共同探索新的商业模式。这种高度深入的合作关系不仅在技术创新上带来了显著突破，还使得这两家组织在协同工作网络中的地位日益突出，因为他们成为了跨领域合作的佼佼者。

结论 7-4 代理公司在协同工作上的最优努力水平与其网络中心性的强度呈正相关：代理公司的网络中心性越强，其协同工作的最优努力水平越高。

从式 7-8 很容易得出此结论。结论 7-4 阐述了在协同工作网络中，代理公司的最优努力水平与其网络中心性之间存在正相关关系，即代理公司的网络中心性越强，其在协同工作中表现出的最优努力水平也越高。这一结论揭示了代理公司的影响力与其在协同工作中的投入程度之间的紧密联系。

首先，代理公司在协同工作中的网络中心性的强度反映了其在协同工作网络中的地位和影响力。具有高网络中心性的代理公司往往在协同工作网络中扮演着核心角色，其信息传递、资源调配和决策影响能力较强。在这样的地位下，代理公司通常会更积极地参与协同工作，以维持其在网络中的影响力和地位。举例来说，在一个科研合作项目中，一家在该领域具有广泛合作伙伴的研究机构可能是网络中心性较高的代理公司。由于其在网络中的突出地位，该机构可能会倾向于投入更多资源和努力，以确保协同工作的成功和项目的达成。

其次，高网络中心性的代理公司往往对协同工作的成功和效果具有更大的责任感和影响力。这是因为其在网络中的决策和行动会直接影响到其他合作伙伴。在这种情况下，代理公司可能会感受到更大的压力和动力，以确保协同工作的顺利进行。高网络中心性的代理公司可能会更积极主动地参与项目决策、提供专业建议以及促进信息交流，从而推动协同工作的最优水平。例如，一个跨国团队中的总部公司可能具有较高的网络中心性，因为它在项目中扮演着协调和决策的关键角色。为了确保项目取得成功，该公司可能会投入更多资源，并与各个子公司紧密合作，实现协同工作的高水平。

结合结论 7-2 和结论 7-3 可知，在影响代理公司努力水平选择的过程中，主体因素与环境因素、结构因素的作用机理并不相同，主体因素主要通过直接影响代理公司的协同工作最优努力水平产生影响，环境因素和结构因素主要通过影响代理公司的网络中心性影响其协同工作最优努力水平的选择。

根据上述讨论，可以得出复杂产品风险管理技术研发工作中所有代理公司均完全理性的激励模型，如图 7-2 所示。

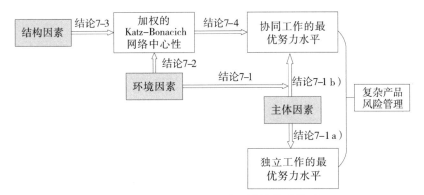

图 7-2　代理公司均完全理性的激励模型

7.3　代理公司具有过度自信时的激励模型

假设在复杂产品的风险治理协同工作网络中代理公司 m 具有过度自信。根据第 5 章的分析可知，过度自信的高估主体效应 d 会使代理公司 m 对自己能力水平的评价高于实际情况，而低估客体效应 k 会使代理公司 m 对外界环境的不确定性的评价低于实际情况。根据前述模型的构建过程可知，代理公司 m 的期望收益函数为：

$$\underset{\sim}{\pi}_m = (a_m+d)(\underset{\sim}{x}_m+\underset{\sim}{y}_m) + \sum_{j=1, j\neq m}^{n} rg_{mj}\underset{\sim}{y}_m\underset{\sim}{y}_j + \underset{\sim}{\varepsilon}_m \tag{7-11}$$

其中 $0 \leq d \leq a_m$，$\underset{\sim}{\varepsilon}_m \sim N[0, (1-k)\sigma^2]$，为了不与 7.2 节中完全理性情况下的参数混淆，过度自信时的收益函数和决策变量下方用"~"标识。结合前述假设，可知在此种情况下，代理公司 m 的收益函数和期望收益分别为：

$$\underset{\sim}{S}_m = \alpha\underset{\sim}{\pi}_m + \beta\sum_{j=1}^{n}\pi_j \tag{7-12}$$

$$EU_{\sim m} = \alpha\underset{\sim}{\pi}_m + \beta\sum_{j=1}^{n}\pi_j - \frac{1}{2}\underset{\sim}{x}_m^2 - \frac{1}{2}\underset{\sim}{y}_m^2 \tag{7-13}$$

可得在此种情况下的激励模型为：

$$\max_{x_i, y_i} EU_i = \max_{x_i, y_i} \begin{cases} \alpha\pi_1 + \beta\sum_{j\neq i}^{n}\pi_j - \frac{1}{2}x_1^2 - \frac{1}{2}y_1^2 \\ \vdots \\ \alpha\underset{\sim}{\pi}_m + \beta\sum_{j\neq i}^{n}\pi_j - \frac{1}{2}\underset{\sim}{x}_m^2 - \frac{1}{2}\underset{\sim}{y}_m^2 \\ \vdots \\ \alpha\pi_n + \beta\sum_{j\neq i}^{n}\pi_j - \frac{1}{2}x_n^2 - \frac{1}{2}y_n^2 \end{cases} \tag{7-14}$$

$$s.t. \begin{cases} x_i \geq 0, \ y_i \geq 0 \\ EU_i \geq 0 \\ 0 \leq \alpha \leq 1, \ 0 \leq \beta \leq 1 \\ r \geq 0 \\ \alpha + 2\beta < 1/\mu_{\max}(\mathbf{G}) \end{cases} \quad (7-15)$$

计算可得：

$$\mathbf{X}^* = (\alpha + \beta)\mathbf{A} \quad (7-16)$$

$$\mathbf{Y}^* = (\alpha + \beta)\mathbf{bA} \quad (7-17)$$

其中 $\mathbf{b} = [\mathbf{I} - (\alpha + 2\beta)r\mathbf{G}]^{-1}$，$\mathbf{A} = [a_1 a_2 \cdots (a_m + d) \cdots a_n]^T$。

结论 7-5　代理公司在独立工作中努力水平的选择不会受到其他单位过度自信因素的影响，具有过度自信的代理公司的独立工作努力水平的选择随着其过度自信水平的增加而增加，委托公司提供的激励方案在这种正向关系中起正向调节作用。

展开式（7-16）可知 $\mathbf{X}^* = [x_1^* x_2^* \cdots x_n^*]^T = (\alpha + \beta)[a_1 a_2 \cdots (a_m + d) \cdots a_n]^T$，代理公司 m 的过度自信并不会对其他公司在独立工作中努力水平的选择产生影响，但是随着代理公司 m 自身过度自信水平的增加，其在独立工作中选择的努力水平也会增加。这与我们的常识认知是一致的。当代理公司高估自己的能力水平（即科研水平）时，实际上高估了自己单位努力投入带来的收益，他们认为自己能够实现科研目标，因此会选择投入更高的努力水平。

结论 7-5 强调了代理公司在独立工作中努力水平的选择与其过度自信因素之间的关系。具体而言，结论指出代理公司的独立工作努力水平不会受到其他单位过度自信因素的影响；然而，具有过度自信的代理公司，在独立工作努力水平的选择上，会随着其过度自信水平的增加而提高。在这一过程中，委托公司提供的激励方案在正向关系中扮演了积极的调节作用。以下将对这一结论进行详细阐述。

首先，结论 7-5 中强调了代理公司在独立工作中努力水平的选择不受其他单位过度自信因素的影响。这意味着代理公司在考虑独立工作时，往往不会受到其他代理公司的自信程度左右。例如，在一个科研项目中，各个独立参研单位可能根据自身的实际能力和资源状况来决定在独立工作中的投入水平，而不太受其他单位是否过度自信的影响。

其次，具有过度自信的代理公司在独立工作努力水平的选择上会呈现不同的趋势。当代理公司过度自信水平增加时，其在独立工作中的努力水平也会随之提高。这是因为过度自信使得代理公司更倾向于高估自身的能力和潜力，从而认为自己能够在独立工作中取得更好的成果。例如，一个具有过度自信的代理公司可能会在独立工作中投入更多资源和努力，因为它相信自己能够在项目中取得突出的表现。

在这一过程中，委托公司提供的激励方案发挥了正向调节作用。委托公司的激励方案可以对代理公司的行为产生引导和影响。当具有过度自信的代理公司在独立工作中选择更高的努力水平时，委托公司的激励方案可以进一步强化这种正向关系，为其提供更多的奖励和认可，从而增加了其在项目中的投入和表现。

综上所述，结论 7-5 深刻揭示了代理公司在独立工作中努力水平选择与过度自信因素之间的关系，以及委托公司激励方案的调节作用。这一洞察对于项目风险管理提供了重要的理论指导，有助于优化代理公司的行为策略，提升项目风险管理的绩效和成果。

技术研发工作本身是一项不确定性较大的工作，这种不确定性最主要体现在研发结果上。很多时候，研发人员投入巨大的努力换来的却是颗粒无收的结果。正因如此，一些研发人员变得因循守旧、举步不前。从本章的研究结论来看，过度自信水平的提升能够有效增加研发人员在独立研发工作中的投入。虽然这种对自身能力的信心是不实际的，但是能够弥补研发人员对不确定性的恐惧感，促进他们更好地参与到风险管理的技术研发工作中。复杂产品的特性决定了其风险管理中研发层面的工作内容具有极大的不确定性和复杂性。研发人员在面对这种情况时有胆怯的心理是很正常的。作为管理人员，应该认识到这种情况的客观性，在配合相关的管理手段，如举行科研动员大会等等，从形式上、制度上、物质上激励并提升科研人员的过度自信，这是非常具有现实意义的。

通过对协同工作中努力水平选择的分析可知，参研单位的过度自信会在协同工作网络中传播，其传播效果受到该网络的结构因素和环境因素的影响，其传播机理可描述为结论 7-6 和结论 7-7。为便于表述，令参研单位 i 表示协同工作中任一参研单位。

结论 7-6 代理公司 m 的过度自信会对代理公司 i 在协同工作中努力水平的选择造成影响，代理公司 m 的过度自信水平越高，代理公司 i 在协同工作中选择的努力水平也越高，委托公司提供的激励系数在该影响过程中扮演正向调节的作用。

由式（7-9）和式（7-17）可知：

$$\underset{\sim}{\mathbf{Y}}^* = (\alpha+\beta) \begin{bmatrix} b_{11} & b_{12} & \cdots & b_{1n} \\ \vdots & \vdots & \ddots & \vdots \\ b_{m1} & b_{m2} & \cdots & b_{mn} \\ \vdots & \vdots & \ddots & \vdots \\ b_{n1} & b_{n2} & \cdots & b_{nn} \end{bmatrix} \underset{\sim}{\mathbf{A}} = \begin{bmatrix} a_1 b_{11}+\cdots+(a_m+d)b_{1m}+\cdots a_n b_{1n} \\ \vdots \\ a_1 b_{m1}+\cdots+(a_m+d)b_{mm}+\cdots a_n b_{mn} \\ \vdots \\ a_1 b_{n1}+\cdots+(a_m+d)b_{nm}+\cdots a_n b_{nn} \end{bmatrix} \quad (7\text{-}18)$$

令 $\tilde{y}_i^*$ 表示代理公司 m 具有过度自信时代理公司 i 在协同工作中所选择的努力水平，y_i^* 表示代理公司 m 不具有过度自信时（即所有代理公司都完全理性）参研单位 i 在协同工作中所选择的努力水平，可知：

$$\tilde{y}_i^* - y_i^* = (\alpha+\beta)db_{im} = d\sum_{k=0}^{+\infty}(\alpha+2\beta)^k r^k g_{im}^{[k]} \quad (7\text{-}19)$$

根据 $\partial(y_i^* - y_i^*)/\partial d = (\alpha+\beta)b_{im} \geq 0$ 可知命题得证。

结论 7-6 强调了代理公司 m 的过度自信对代理公司 i 在协同工作中努力水平的选择产生的影响。具体来说，当代理公司 m 的过度自信水平增加时，代理公司 i 在协同工作中的努力水平也会随之提高。在这一影响过程中，委托公司提供的激励系数发挥着正向调节的作用。

首先，代理公司 m 的过度自信对代理公司 i 在协同工作中努力水平的影响是积极的。当代理公司 m 过度自信水平较高时，可能会过于乐观地估计自身的能力和贡献，从而认为自己在协同工作中能够作出更大的贡献。这种过度自信可能会传递给代理公司 i，影响其在协同工作中的行为选择。例如，如果代理公司 m 过度自信地认为自己的技术优势更强，可能会激发代理公司 i 更积极地努力，以匹配或超越代理公司 m 的预期。这样的过程将导致代理公司 i 在协同工作中选择更高的努力水平，以实现更好的合作效果和绩效。

其次，委托公司提供的激励系数在这一影响过程中发挥了正向调节作用。委托公司的激励系数可以对代理公司 i 的努力行为产生引导和影响。当代理公司 m 的过度自信水平对代理公司 i 的努力水平产生影响时，委托公司的激励系数可以进一步强化这种影响。例如，如果委托公司根据项目绩效为代理公司 i 提供额外的奖励，那么代理公司 i 可能会更加努力，以追求更大的奖励。这样的激励机制可以增强代理公司 i 对于过度自信的代理公司 m 的影响，从而实现更高的协同工作努力水平。

代理公司 m 的过度自信会随着合作关系而影响其合作者，从而提升合作者在协作工作中的努力水平。可见，在复杂产品风险管理的研发层面，由于合作网络的存在，委托公司的激励工作变得更为复杂，通常是"牵一发而动全身"。委托公司在制定相应的激励方案时应该考虑代理公司的过度自信对其他代理公司的系统性影响，分析其影响机理，才能制定切实可行的激励方案。

综上所述，结论 7-6 揭示了代理公司 m 的过度自信对代理公司 i 在协同工作中努力水平的影响，以及委托公司激励系数的正向调节作用。这一洞察对于项目风险管理提供了有关如何优化代理公司的合作行为以及激励机制的实用指导。

结论 7-7　代理公司 m 的过度自信对代理公司 i 在协同工作中努力水平的选择的影响与两者之间路径的数量成正比、与两者之间路径的长度成反比，情境因素在该影响过程中扮演正向调节作用。

式（7-19）表现了代理公司 m 的过度自信对代理公司 i 在协同工作努力水平上的选择。当选择两家单位之间的长度 k 为定值时（例如 $k=4$），两家单位之间路径的数量越多（即 $g_{im}^{[1]}+g_{im}^{[2]}+g_{im}^{[3]}+g_{im}^{[4]}$ 的值越大），代理公司 i 受到代理公司 m 的影响就越强烈。由于 $0<(\alpha+2\beta)r<1$，随着 k 的增大，$(\alpha+2\beta)^k r^k$ 的值越来越小。说明在代理公司 m 和 i 之间的路径数量一定时，距离越短的路径其数量越多，代理公司 i 受代理公司 m 过度自信的影响越小。

结论 7-7 说明，代理公司 m 的过度自信会在协同工作网络中传播，使得与之存在直接或间接协作关系的代理公司都会受到其过度自信的影响。协作网络的结构因素决定了过度自信传播的途径，环境因素决定了其传播的效果。

结论 7-7 阐述了代理公司 m 的过度自信水平对代理公司 i 在协同工作中努力水平最优选择的影响机理。具体而言，代理公司 m 的过度自信对代理公司 i 在协同工作中最优努力水平的影响程度与两者之间路径数量正相关，与两者之间路径长度负相关，情境因素在这一过程中发挥着正向调节作用。以下将对这一结论进行详细阐述。

首先，代理公司 m 的过度自信影响代理公司 i 在协同工作中努力水平的选择是通过两者之间路径的数量产生的。当两者之间的路径数量较多时，代理公司 m 的过度自信可能会以更强的方式传递到代理公司 i，从而影响其努力水平。例如，如果代理公司 m 过度自信地认为自身在项目中的作用非常重要，而且与代理公司 i 之间存在多条信息和影响传递路径，那么这种过度自信可能会更加显著地影响代理公司 i 的决策，使其在协同工作中选择更高的努力水平。

其次，路径的长度对于代理公司 m 的过度自信对代理公司 i 的影响起到反向调节作用。路径较短意味着信息和影响传递更为直接，而路径较长则可能引入更多的干扰和扭曲。当路径长度较短时，代理公司 m 的过度自信可能更容易准确地传递到代理公司 i，影响其努力水平。然而，当路径长度较长时，过度自信的影响可能会被衰减或扭曲，从而降低对代理公司 i 的影响程度。

最后，环境因素在这一影响过程中扮演着正向调节作用。环境因素主要包括委托公司提供的激励方案，它们可以增强代理公司 m 过度自信对代理公司 i 的影响程度。如果情境因素对于过度自信的传递起增强作用，那么代理公司 i 可能更容易受代理公司 m 的过度自信影响，从而选择更高的努力水平。情境因素的积极作用加强了过度自信对代理公司 i 行为的引导，使其更倾向于在协同工作中选择更高的努力水平，以达到更好的协同效果。

综上所述，结论 7-7 解释了代理公司 m 的过度自信对代理公司 i 在协同工作中努力水平选择的影响方式，以及路径数量、路径长度和情境因素在其中的作用。这一洞察有助于更好地理解代理公司在协同工作中的决策过程，以及过度自信如何通过不同的路径和情境因素影响协同工作的实际表现。

7.4 小结

本章以复杂产品风险管理研发层面的工作为研究对象，融合网络科学的相关理论，建立考虑代理公司之间多边合作行为的一对多委托代理模型，分析过度自信对代理公司行为的影响。通过研究定义了复杂产品风险管理网络中的主体因素、环境因素和结构因素，并指出环境因素和结构因素主要通过影响代理公司的网络中心性来影响其协同工作最优努力水平的选择。当代理公司具有过度自信时，其在独立工作中努力水平的选择不会受到其他单位过度自信因素的影响，具有过度自信的代理公司的独立工作努力水平的选择随着其过度自信水平的增加而增加。

通过分析代理公司在协同工作网络中的行为和影响力，本章得出了7个重要结论。第一，委托公司所提供的激励方案在引导代理公司的合作中发挥着至关重要的作用。第二，代理公司的能力水平对于项目的成功具有决定性影响，因此应当设计激励方案以激发其在独立工作和协同工作中的积极性。第三，代理公司在选择合作伙伴时需要在合作广度和深度之间取得平衡，最大程度地实现协同效应。第四，合作伙伴间的信息传递在风险管理和创新管理中具有重要作用，决策过程应该得到重视。在此基础上，本章研究指出过度自信会影响代理公司在独立工作中的努力水平，而委托公司的激励方案则在其中扮演正向调节作用。此外，过度自信对代理公司在协同工作中努力水平的影响受到两者之间路径数量和长度的影响，情境因素在其中发挥积极调节作用。第五，本章还探讨了代理公司的过度自信如何影响与之合作的代理公司的努力水平，情境因素同样在这一影响过程中发挥了积极的调节作用。

本章的7个结论为复杂产品研发阶段的风险管理提供了实践指导，可以通过复杂产品领域的实际案例来更具体地阐述其管理启示。

首先，激励方案的设计应当充分考虑代理公司的激励需求和动机。一个成功的案例是苹果公司在其供应链中的应用。苹果为其合作伙伴制定了激励方案，不仅关注供应链的效率和质量，还强调创新和可持续发展。这种综合性的激励方案激发了供应链合作伙伴在独立工作和协同工作中的积极性，实现了持续的创新和业务增长。

其次，合作伙伴的选择和管理需要精心策划，注重双方的互补性和价值共创。例如，特斯拉与松下合作开发电池技术，两家公司在技术和市场方面具有互补性，共同推动了电动汽车领域的创新。管理者应借鉴类似案例，通过仔细选择合作伙伴、建立合作共识和完善的合作机制，实现更高效的风险管理和创新管理。

此外，过度自信的管理也是至关重要的。华为在其合作伙伴关系中充分考虑各方的意见和建议，避免了单一自信导致的盲目决策。科研工作者和管理者应意识到过度自信可能导致不当决策，采取适当的措施，例如引入独立评估、多角度审视等，以平衡和规避过度自信的影响。

综上所述，本章的结论为科研工作者和项目管理者提供了有关风险管理和创新管理的宝贵经验。通过优化激励方案、精准选择合作伙伴、加强信息传递和决策透明度，以及警惕过度自信，科研项目可以更加高效地运作，取得更为显著的成果。这些管理启示能够在理论上指导，也可以在实际操作中为科研工作者提供切实可行的策略，使复杂产品研发阶段的风险治理工作更加科学、高效和成功。

第 8 章　结论与展望

王安石在《游褒禅山记》提到,"而世之奇伟、瑰怪,非常之观,常在于险远,而人之所罕至焉,故非有志者不能至也。"复杂产品就是现代经济社会生活中的"奇伟、瑰怪,非常之观"。复杂产品的发展成果不仅仅带动着制造业的发展,其技术上的创新和突破也将惠及各行各业,是整个社会经济不断发展的驱动力。然而,非常之观常在于险远,复杂产品研制过程中所遇到的风险因素的复杂性也非一般产品所及。因此复杂产品的风险管理工作尤为重要。本书以复杂产品风险管理工作中的人为研究对象,在提出复杂产品风险治理模型的基础上,探索了不同管理层面工作人员的过度自信对行为选择的影响。

8.1　主要结论和创新点

通过总结梳理目前我国复杂产品风险管理实践,针对目前学者研究成果的不足,对复杂产品的风险治理问题展开研究。本书的主要结论和创新点如下:

1. 提出了包含三个层级的复杂产品风险治理理论模型

本书在总结我国复杂产品风险管理实践经验的基础上,结合现有的风险管理理论,提出了包含研发、设计、操作三个层面的复杂产品风险治理理论模型,并对每个层面的组织特征进行了分析。

在此基础上,本书进一步指出复杂产品的风险治理是一个动态的过程。与风险因素相关的信息流在三个层面循环往复,每个层面均根据自己的工作内容提出相应的解决办法,逐渐完善并形成最终的风险管理方案。

2. 在复杂产品的风险管理工作中考虑了人这一因素,并把过度自信作为重要影响变量纳入分析框架中

现有关于风险管理的文献较多侧重于风险管理的硬技术方面,例如采用一种新的算法进行风险评价,用新的方法探索风险因素之间的相互关系,用新的设备对风险因素进行监测等。在风险管理软技术方面的文章并不多见,而在软技术的相关研究中,将人作为研究对象的文章更少了。事实上,人行为上的偏差是导致风险因素发生的最主要原因之一，而使人们的行为出现偏差的重要因素就是有限理性，其中，最普遍、最稳定的有限理性因素就是过度自信。本书把过度自信纳入复杂产品风险治理模型的研究框架之中，分析了不同风险偏好下过度自信对风险管理人员行为的影响。

3. 突破现有过度自信一元论的观点，提出过度自信对人类行为感知影响的二元论

本书通过梳理现有文献，提出过度自信对人们行为感知的影响具有二元性，即本书第 3 章提出的高估主体效应和低估客体效应。本书的模型均以二元论为基础，用两种不同的参数分别表示过度自信的两种效应，模型计算结果的分析显示，随着风险管理人员风险态度的不同，这两种效应对其行为的影响也不尽相同。

4. 结合风险评估模型建立了复杂产品的风险管理委托代理模型

风险管理的产出与普通生产过程的产出是不同的。普通生产过程是通过代理公司付出努力创造价值，但是风险管理工作是通过代理公司付出努力降低风险值来"省出"价值。因此，以往的委托代理产出函数并不能完全适用于风险管理工作。本书把卢斯莫尔（Loosemore）等人提出的风险评估原则与委托代理模型相结合，建立了反映风险管理工作特点的委托代理模型。

5. 对现有社会网络博弈模型进行改进，提出了影响复杂产品风险管理网络的三大因素

现有研究侧重于描述行为主体自身的行为对他人的影响，这种影响很多时候是被动的、无意识的。复杂产品风险管理的研发工作中，参研单位相互之间的影响并非无意识和被动的，他们会积极主动地参与到其他人的研究工作中，并付出努力，而这种努力通常是额外的，并不包含在其独立工作之中。因此，本书对以往的社会网络博弈模型进行了改进。通过计算推演改进之后的模型，提出了描述复杂产品风险管理网络的三大因素：主体因素、环境因素和结构因素。

以往的文献，包括伊夫 – 泽诺（Yves Zenou）、科拉里奥 – 巴莱斯特（Coralio Ballester）、周俊杰等人的研究虽然指出主体间的相互影响作用会随着主体之间距离的增加而衰减，并用一个参数来描述这个衰减的过程，但并没有过多着墨于衰减机理。本书的分析指出，影响衰变过程的正是该网络所处环境的环境因素，环境因素越强，衰变越慢；反之亦然。

8.2　研究的不足之处

本书对复杂产品的风险治理工作进行了探讨和分析。尽管在研究过程中付出了极大的努力，也在细微之处进行了一定的创新，得到了一些结论，但不足之处依然存在。

首先，本书虽然指出了过度自信的二元论，但是这两种效应之间是否存在相互作用，作用机理如何目前还不清楚，还需要进一步的实验数据支撑才能完美地解决这一问题。

其次，本书并未讨论单个个体的过度自信和风险态度发生变化时其行为模式将会做出何种改变，但在复杂产品的风险管理工作中，随着管理工作的逐步开展，风险管理人员的过度自信水平、风险态度很可能不是一成不变的。在复杂产品的风险管理工作中，究竟哪些因素会影响人们的过度自信和风险态度是一个尚未解决的问题。

最后，本书对于过度自信将在网络中如何传播的分析还不够深刻。实际上，从社会网络的角度来看，行为主体之间相互作用必定会使得各自有限理性因素相互感染，最终导致有限理性因素沿着网络结构进行传播。

这些不足之处也是笔者后续科研工作的重要方向。

8.3 研究展望

复杂产品代表了一个国家的技术实力和生产能力，因此其研究受到了广泛的关注。目前学术界有大量的文章研究复杂系统、复杂项目、超级项目、项目群等等，虽然提法不同，但最终都可以归入复杂产品这一概念之下，而本书仅仅是对复杂产品风险治理问题的初步探讨，还有更多关于复杂产品风险治理的问题需要去进一步研究，包括：

1. 因复杂产品自身的高复杂度导致的风险问题

目前，关于复杂产品的风险管理文章受到普通大众商品或者项目风险管理的影响，较多关注外部环境的不确定性所带来的风险因素，研究内容包括相关的风险识别、评估，而创新点也较多聚焦于用不同的方法解决相关问题。实际上，复杂产品的风险因素不仅仅来源于外部环境，其自身的复杂性本身就给项目带来非常高的不确定性。如何衡量、评估和控制由复杂产品自身复杂性带来的风险因素，相关的研究还比较少见。

2. 有限理性因素对复杂产品研制过程造成的影响

当下的文献更多聚焦于对复杂产品研制过程的建模和分析，研究者们孜孜以求，希望能够准确描绘复杂产品的研制过程、创新过程、知识管理过程等等，形成了百花齐放、百家争鸣之势。但在微观层面对于人的关注比较少。复杂产品的研制过程离不开人，人又是一种非常复杂的生物，在各种有限理性因素的影响下，人们的行为往往会偏离预期，这种偏离会造成管理上的失察、制度上的失范，从而为复杂产品的研制过程带来各种隐患。

3. 关于过度自信的形成机理和演变趋势

过度自信从提出以来受到了众多学者的关注，但更多的是将前期的研究成果纳入不同的经济环境中分析、解释现有的现象，例如过度自信对创新的影响、过度自信对企业经营绩效的影响等等。对于过度自信本身的扩展性、深入性的研究近几年比较少见。在前期的文献梳理学习过程中,笔者发现如果能够探索出过度自信的形成机理和后续的演变趋势,就能够更好地预测人们的行为,从而减少管理上的偏差。也正是因为对过度自信的形成机理和演变趋势的研究不足,导致目前大多数关于过度自信的研究都是静态的,实际上,人们过度自信的水平随着工作的逐步深入、信息的不断反馈是会发生变化的,是一个动态的过程。

4. 关于过度自信的行业或工作类属的差异

目前已有文章探讨来自不同国家、民族的人们之间过度自信的差异性。研究的结论也明确指出这种差异性是存在的。实际上,由于行业的不同、工作属性的不同,人们的过度自信水平以及表现形式也不相同,我们在对建筑行业、建造行业的调研过程中已经发现了这一现象,然而目前还没有看到相关的文章对此做出解释。

本书仅是对复杂产品风险治理工作的一个初步探索,在对问题认识的深度、分析的技巧、研究方法的运用方面还存在许多不足之处,希望各位专家读者海涵并不吝赐教。

参考文献

[1] KAPLAN S, GARRICK B J. On The Quantitative Definition of Risk[J/OL]. Risk Analysis, 1981, 1（1）: 11-27. DOI: 10.1111/j.1539-6924.1981.tb01350.x.

[2] AVEN T. Risk assessment and risk management: Review of recent advances on their foundation[J/OL]. European Journal of Operational Research, 2016, 253（1）: 1-13. DOI: 10.1016/j.ejor.2015.12.023.

[3] SCHIEG M. Risk management in construction project management[J/OL]. Journal of Business Economics and Management, 2006, 7（2）: 77-83. DOI: 10.3846/16111699.2006.9636126.

[4] 张大维. 国际风险治理: 分析范式、框架模型与方法策略——基于公共卫生风险治理的视角[J]. 国外社会科学, 2020（5）: 99-111.

[5] RENN O, WALKER K. Global risk governance: concept and practice using the IRGC framework[M]. Dordrecht: Springer, 2008.

[6] 詹承豫. 风险治理的阶段划分及关键要素——基于综合应急、食品安全和学校安全的分析[J]. 中国行政管理, 2016（6）: 124-128.

[7] HOBDAY M. Product complexity, innovation and industrial organisation[J/OL]. Research Policy, 1998, 26（6）: 689-710. DOI: https://doi.org/10.1016/S0048-7333（97）00044-9.

[8] THAMHAIN H. Managing risks in complex projects[J]. Project Management Journal, 2013, 44（2）: 20-35.

[9] 陈洪转. 复杂产品新技术研发中的政府职能创新[J]. 中国行政管理, 2013（3）: 81-84.

[10] 马帅, 陈洪转, 沈洋. 复杂产品新技术主制造商供应商协同研发风险评估[J]. 科技与经济, 2013, 26（3）: 71-75.

[11] 丁敫, 徐峰. 基于贝叶斯网络的工程风险管理研究——以港珠澳大桥主体工程设计

风险为例 [J]. 系统管理学报，2018，27（1）：176-185+191.

[12] 李芮萌，杨乃定，刘慧，等. 考虑组织失效与协调的复杂产品研发项目设计变更风险传播模型 [J/OL]. 中国管理科学，2022，30（10）：265-276. DOI：10.16381/j.cnki.issn1003-207x.2020.1242.

[13] WARD S, CHAPMAN C. Transforming project risk management into project uncertainty management[J/OL]. International Journal of Project Management，2003，21（2）：97-105. DOI：10.1016/S0263-7863（1）00080-1.

[14] RAZ T, SHENHAR A J, DVIR D. Risk management, project success, and technological uncertainty[J/OL]. R&D Management，2002，32（2）：101-109. DOI：10.1111/1467-9310.00243.

[15] 周国华，彭波. 基于贝叶斯网络的建设项目质量管理风险因素分析——以京沪高速铁路建设项目为例 [J]. 中国软科学，2009，24（9）：99-106.

[16] DOV Z. Safety climate and beyond：A multi-level multi-climate framework[J/OL]. Safety Science，2008，46（3）：376-387. DOI：10.1016/j.ssci.2007.03.006.

[17] BALLESTER C, CALVÓ-ARMENGOL A, ZENOU Y. Who's Who in Networks. Wanted：The Key Player[J/OL]. Econometrica，2006，74（5）：1403-1417. DOI：10.1111/j.1468-0262.2006.00709.x.

[18] CHEN C. Searching for intellectual turning points：Progressive knowledge domain visualization[J/OL]. Proceedings of the National Academy of Sciences，2004，101（suppl_1）：5303-5310. DOI：10.1073/pnas.0307513100.

[19] CHEN C. CiteSpace II：Detecting and visualizing emerging trends and transient patterns in scientific literature[J/OL]. Journal of the American Society for Information Science and Technology，2006，57（3）：359-377. DOI：10.1002/asi.20317.

[20] HUANG T, LIANG C, WANG J. The Value of "Bespoke"：Demand Learning, Preference Learning, and Customer Behavior[J/OL]. Management Science，2018，64（7）：3129-3145. DOI：10.1287/mnsc.2017.2771.

[21] EISENHARDT K M. Building Theories from Case Study Research[J/OL]. The Academy of Management Review，1989，14（4）：532. DOI：10.2307/258557.

[22] WALKER W. Entrapment in large technology systems：institutional commitment and power relations[J/OL]. Research Policy，2000，29（7-8）：833-846. DOI：10.1016/S0048-7333（00）00108-6.

[23] WILLIAM WALKER, MAC GRAHAM, BERNARD HARBOR. From components to integrated systems: technological diversity and integration between the military and civilian sectors[M]. Dordrecht: Springer, 1988.

[24] MILLER R, HOBDAY M, LEROUX-DEMERS T, et al. Innovation in Complex Systems Industries: the Case of Flight Simulation[J/OL]. Industrial and Corporate Change, 1995, 4（2）: 363-400. DOI: 10.1093/icc/4.2.363.

[25] PRENCIPE A. Technological competencies and product's evolutionary dynamics a case study from the aero-engine industry[J/OL]. Research Policy, 1997, 25（8）: 1261-1276. DOI: 10.1016/S0048-7333（96）00900-6.

[26] JAMES M. UTTERBACK. Mastering the dynamics of innovation[M]. Harvard Business School Press, 1996.

[27] CHIESA V, COUGHLAN P, VOSS C A. Development of a Technical Innovation Audit[J/OL]. Journal of Product Innovation Management, 1996, 13（2）: 105-136. DOI: 10.1111/1540-5885.1320105.

[28] COOPER R G, KLEINSCHMIDT E J. Benchmarking the Firm's Critical Success Factors in New Product Development[J/OL]. Journal of Product Innovation Management, 1995, 12（5）: 374-391. DOI: 10.1111/1540-5885.1250374.

[29] 陈劲, 周子范, 周永庆. 复杂产品系统创新的过程模型研究[J]. 科研管理, 2005, 26（2）: 61-67.

[30] 陈劲, 桂彬旺, 陈钰芬. 基于模块化开发的复杂产品系统创新案例研究[J/OL]. 科研管理, 2006（6）: 1-8. DOI: 10.19571/j.cnki.1000-2995.2006.06.001.

[31] 洪勇, 苏敬勤. 我国复杂产品系统自主创新研究[J]. 公共管理学报, 2008（1）: 76-83+124-125.

[32] 冉龙, 陈劲, 董富全. 企业网络能力、创新结构与复杂产品系统创新关系研究[J/OL]. 科研管理, 2013, 34（8）: 1-8. DOI: 10.19571/j.cnki.1000-2995.2013.08.001.

[33] 胡京波, 欧阳桃花, 张凤. 复杂产品创新生态系统互补性管理研究: 以商飞C919为例[J]. 科技进步与对策, 2023, 40（12）: 42-53.

[34] 胡京波, 欧阳桃花, 曾德麟, 等. 创新生态系统的核心企业创新悖论管理案例研究: 双元能力视角[J/OL]. 管理评论, 2018, 30（8）: 291-305. DOI: 10.14120/j.cnki.cn11-5057/f.2018.08.024.

[35] 李培哲, 菅利荣, 刘勇. 知识转移视角下复杂产品产学研协同创新管理机制研究[J].

科技管理研究, 2019, 39（2）: 203-208.

[36] 薄洪光, 刘海丰, 李龙龙. 支持复杂产品系统创新的集成制造管理研究——以 CRRC-TRV 公司为例 [J]. 管理案例研究与评论, 2016, 9（3）: 224-235.

[37] KIM J S, MILES I. Examining dynamic system integration capabilities in knowledge boundaries of convergent service architectures: two cases of a telecommunication company[J/OL]. International Journal of Technology Management, 2023, 92（3）: 184. DOI: 10.1504/IJTM.2023.128837.

[38] KIM J S. Organising strategy decisions for complex product system innovation, influencing factors, and their impact on learning[J/OL]. International Journal of Technology, Policy and Management, 2021, 21（3）: 195. DOI: 10.1504/IJTPM.2021.117778.

[39] FRANÇA J A. The coordination of complex product systems projects: A case study of an R&D multi-party alliance[J]. International Journal of Innovation Management, 2019, 23（3）: 1950024.

[40] 罗岭, 王娟茹, 张坤. 基于知识管理视角的复杂产品研发绩效模型 [J]. 运筹与管理, 2017, 26（1）: 166-172.

[41] 陈劲, 童亮, 周笑磊. 复杂产品系统创新的知识管理: 以 GX 公司为例 [J/OL]. 科研管理, 2005（5）: 29-34+40. DOI: 10.19571/j.cnki.1000-2995.2005.05.005.

[42] 乐承毅, 徐福缘, 顾新建, 等. 复杂产品系统中跨组织知识超网络模型研究 [J/OL]. 科研管理, 2013, 34（2）: 128-135. DOI: 10.19571/j.cnki.1000-2995.2013.02.017.

[43] 王娟茹, 杨瑾. 影响复杂产品研发关键干系人知识共享行为的因素研究 [J/OL]. 科研管理, 2012, 33（12）: 30-39+58. DOI: 10.19571/j.cnki.1000-2995.2012.12.004.

[44] 王娟茹, 杨瑾. 信任、团队互动与知识共享行为的关系研究 [J]. 科学学与科学技术管理, 2012, 33（10）: 31-39.

[45] ABRELL T, BENKER A, PIHLAJAMAA M. User knowledge utilization in innovation of complex products and systems: An absorptive capacity perspective[J/OL]. Creativity and Innovation Management, 2018, 27（2）: 169-182. DOI: 10.1111/caim.12244.

[46] PRENCIPE A. Breadth and depth of technological capabilities in CoPS: the case of the aircraft engine control system[J/OL]. Research Policy, 2000, 29（7-8）: 895-911. DOI: 10.1016/S0048-7333（00）00111-6.

[47] GALATI F, BIGLIARDI B, GALATI R, et al. Managing structural inter-organizational tensions in complex product systems projects: Lessons from the Metis case[J/OL]. Journal

of Business Research, 2021, 129: 723-735. DOI: 10.1016/j.jbusres.2019.10.044.

[48] CORONADO MONDRAGON A E, CORONADO MONDRAGON C E. Managing complex, modular products: how technological uncertainty affects the role of systems integrators in the automotive supply chain[J/OL]. International Journal of Production Research, 2018, 56(20): 6628-6643. DOI: 10.1080/00207543.2018.1424362.

[49] JANTHONG N, BRISSAUD D, BUTDEE S. Integration matrix to support technology evolution in (re) design of complex products[C/OL]//2010 IEEE International Conference on Management of Innovation & Technology. Singapore, Singapore: IEEE, 2010: 485-490[2023-07-21]. http://ieeexplore.ieee.org/document/5492771/. DOI: 10.1109/ICMIT.2010.5492771.

[50] LIU J, SU J. MARKET ORIENTATION, TECHNOLOGY ORIENTATION AND PRODUCT INNOVATION SUCCESS: INSIGHTS FROM CoPS[J/OL]. International Journal of Innovation Management, 2014, 18(4): 1450020. DOI: 10.1142/S1363919614500200.

[51] 刘兵, 邹树梁, 李玉琼, 等. 复杂产品系统创新过程中产品开发与技术能力协同研究——以核电工程为例[J/OL]. 科研管理, 2011, 32(11): 59-62+70. DOI: 10.19571/j.cnki.1000-2995.2011.11.008.

[52] GANN D M, SALTER A J. Innovation in project-based, service-enhanced firms: the construction of complex products and systems[J/OL]. Research Policy, 2000, 29(7-8): 955-972. DOI: 10.1016/S0048-7333(00)00114-1.

[53] 李煜华, 高杨, 胡瑶瑛. 基于结构方程模型的复杂产品系统技术扩散影响因素分析[J/OL]. 科研管理, 2012, 33(5): 146-152. DOI: 10.19571/j.cnki.1000-2995.2012.05.019.

[54] 林善波. 动态比较优势与复杂产品系统的技术追赶——以我国高铁技术为例[J]. 科技进步与对策, 2011, 28(14): 10-14.

[55] 路风. 我国大型飞机发展战略的思考[J]. 中国软科学, 2005(4): 10-16.

[56] WANG Q, VON TUNZELMANN N. Complexity and the functions of the firm: breadth and depth[J/OL]. Research Policy, 2000, 29(7-8): 805-818. DOI: 10.1016/S0048-7333(00)00106-2.

[57] ROEHRICH J K, DAVIES A, FREDERIKSEN L, et al. Management innovation in complex products and systems: The case of integrated project teams[J/OL]. Industrial Marketing Management, 2019, 79: 84-93. DOI: 10.1016/j.indmarman.2018.10.006.

[58] 付永刚, 戴大双. 面向复杂产品系统的研发团队组织有效性——探索性案例研究[J].

管理案例研究与评论, 2012, 5（6）: 419-428.

[59] 宋砚秋, 李美兰. 基于多案例的复杂产品系统项目组织结构动态调整研究[J]. 管理案例研究与评论, 2012, 5（2）: 114-127.

[60] HOBDAY M. The project-based organisation: an ideal form for managing complex products and systems?[J/OL]. Research Policy, 2000, 29（7-8）: 871-893. DOI: 10.1016/S0048-7333（00）00110-4.

[61] OLAUSSON D, BERGGREN C. Managing uncertain, complex product development in high-tech firms: in search of controlled flexibility: Managing uncertain, complex product development in high-tech firms[J/OL]. R&D Management, 2010, 40（4）: 383-399. DOI: 10.1111/j.1467-9310.2010.00609.x.

[62] 何清华, 杨德磊, 罗岚, 等. 复杂建设项目实施过程界面管理的测度[J/OL]. 统计与决策, 2017（6）: 49-53. DOI: 10.13546/j.cnki.tjyjc.2017.06.011.

[63] REBENTISCH E, SCHUH G, SINHA K, et al. Measurement of organizational complexity in product development projects[C/OL]//2016 Portland International Conference on Management of Engineering and Technology（PICMET）. Honolulu, HI, USA: IEEE, 2016: 2445-2459[2023-07-21]. http://ieeexplore.ieee.org/document/7806622/. DOI: 10.1109/PICMET.2016.7806622.

[64] YASSINE A. Managing the Development of Complex Product Systems——What Managers Can Learn From the Research[J/OL]. IEEE Engineering Management Review, 2018, 46（4）: 59-70. DOI: 10.1109/EMR.2018.2870401.

[65] KIM J, WILEMON D. Complexity and The Multiple Impacts on New Product Development: Results From a Field Study[J/OL]. International Journal of Innovation and Technology Management, 2012, 09（6）: 1250043. DOI: 10.1142/S0219877012500435.

[66] AVEN T, ZIO E. Foundational Issues in Risk Assessment and Risk Management: Perspectives[J/OL]. Risk Analysis, 2014, 34（7）: 1164-1172. DOI: 10.1111/risa.12132.

[67] REN Y, YEO K T, et al. Risk Management Capability Maturity and Performance of Complex Product and System（CoPS）Projects with an Asian Perspective[J/OL]. Journal of Engineering, Project, and Production Management, 2014, 4（2）: 81-98. DOI: 10.32738/JEPPM.201407.0004.

[68] GÓMEZ C, SÁNCHEZ-SILVA M, DUEÑAS-OSORIO L. An applied complex systems framework for risk-based decision-making in infrastructure engineering[J/OL]. Structural

Safety, 2014, 50: 66-77. DOI: 10.1016/j.strusafe.2014.03.011.

[69] LI J, ZOU P X W. Fuzzy AHP-Based Risk Assessment Methodology for PPP Projects[J/OL]. Journal of Construction Engineering and Management, 2011, 137（12）: 1205-1209. DOI: 10.1061/（ASCE）CO.1943-7862.0000362.

[70] PATÉ-CORNELL E. On "Black Swans" and "Perfect Storms": Risk Analysis and Management When Statistics Are Not Enough[J/OL]. Risk Analysis, 2012, 32（11）: 1823-1833. DOI: 10.1111/j.1539-6924.2011.01787.x.

[71] 苏越良, 张卫国. 基于全局的复杂产品开发项目风险协调控制方法[J]. 系统工程理论与实践, 2008（5）: 70-76.

[72] 陈祥锋, 朱道立. 合同管理中二层谈判策略[J]. 管理科学学报, 2002（3）: 17-22+78.

[73] LI R, YANG N, ZHANG Y, et al. Risk propagation and mitigation of design change for complex product development（CPD）projects based on multilayer network theory[J/OL]. Computers & Industrial Engineering, 2020, 142: 106370. DOI: 10.1016/j.cie.2020.106370.

[74] LI R, YANG N, YI H, et al. The robustness of complex product development projects under design change risk propagation with gray attack information[J/OL]. Reliability Engineering & System Safety, 2023, 235: 109248. DOI: 10.1016/j.ress.2023.109248.

[75] LI T, CHEN H, YUAN J, et al. Quality Risk Propagation of Complex Product Collaborative Manufacturing Supply Chain Network Based on CN and SoV[J/OL]. Discrete Dynamics in Nature and Society, 2020, 2020: 1-16. DOI: 10.1155/2020/8889903.

[76] SONG W, ZHENG J, NIU Z, et al. Risk evaluation for industrial smart product-service systems: An integrated method considering failure mode correlations[J/OL]. Advanced Engineering Informatics, 2022, 54: 101734. DOI: 10.1016/j.aei.2022.101734.

[77] SOLGI O, GHEIDAR-KHELJANI J, DEHGHANI E, et al. Resilient supplier selection in complex product and its subsystems' supply chain under uncertainty and risk disruption: A case study for satellite components[J/OL]. Scientia Iranica, 2019, 0（0）: 0-0. DOI: 10.24200/sci.2019.52556.2773.

[78] HOBDAY M, RUSH H, TIDD J. Innovation in complex products and system[J/OL]. Research Policy, 2000, 29（7-8）: 793-804. DOI: 10.1016/S0048-7333（00）00105-0.

[79] REN Y T, YEO K T. RESEARCH CHALLENGES ON COMPLEX PRODUCT SYSTEMS

(CoPS) INNOVATION[J/OL]. Journal of the Chinese Institute of Industrial Engineers, 2006, 23 (6): 519-529. DOI: 10.1080/10170660609509348.

[80] 杨瑾. 供应链管理对于大型复杂产品制造业集群演进的影响机理研究[J/OL]. 中国管理科学, 2009, 17 (4): 75-83. DOI: 10.16381/j.cnki.issn1003-207x.2009.04.008.

[81] 陈占夺, 齐丽云, 牟莉莉. 价值网络视角的复杂产品系统企业竞争优势研究——一个双案例的探索性研究[J/OL]. 管理世界, 2013 (10): 156-169. DOI: 10.19744/j.cnki.11-1235/f.2013.10.013.

[82] 苏敬勤, 刘静. 复杂产品系统创新的动态能力构建——基于探索性案例研究[J/OL]. 研究与发展管理, 2014, 26 (1): 128-135. DOI: 10.13581/j.cnki.rdm.2014.01.015.

[83] LI M, PETRUZZI N C, ZHANG J. Overconfident Competing Newsvendors[J/OL]. Management Science, 2017, 63 (8): 2637-2646. DOI: 10.1287/mnsc.2016.2469.

[84] SHROTRYIA V K, KALRA H. COVID-19 and overconfidence bias: the case of developed, emerging and frontier markets[J/OL]. International Journal of Emerging Markets, 2023, 18 (3): 633-665. DOI: 10.1108/IJOEM-09-2020-1019.

[85] JOHNSON D D P. Overconfidence and war: the havoc and glory of positive illusions[M]. Harvard University Press, 2004.

[86] AKERLOF G A, SHILLER R J. Animal spirits: how human psychology drives the economy, and why it matters for global capitalism[M]. Princeton University Press, 2009.

[87] JOHNSON D D P, TIERNEY D. The Rubicon Theory of War: How the Path to Conflict Reaches the Point of No Return[J/OL]. International Security, 2011, 36 (1): 7-40. DOI: 10.1162/ISEC_a_00043.

[88] MALMENDIER U, TAYLOR T. On the Verges of Overconfidence[J/OL]. Journal of Economic Perspectives, 2015, 29 (4): 3-8. DOI: 10.1257/jep.29.4.3.

[89] GALASSO A, SIMCOE T S. CEO Overconfidence and Innovation[J/OL]. Management Science, 2011, 57 (8): 1469-1484. DOI: 10.1287/mnsc.1110.1374.

[90] MALMENDIER U, TATE G. CEO Overconfidence and Corporate Investment[J/OL]. The Journal of Finance, 2005, 60(6): 2661-2700. DOI: 10.1111/j.1540-6261.2005.00813.x.

[91] GRUBB M D. Overconfident Consumers in the Marketplace[J/OL]. Journal of Economic Perspectives, 2015, 29 (4): 9-36. DOI: 10.1257/jep.29.4.9.

[92] KLAYMAN J, SOLL J B, GONZÁLEZ-VALLEJO C, et al. Overconfidence: It Depends on How, What, and Whom You Ask[J/OL]. Organizational Behavior and Human Decision

Processes, 1999, 79（3）: 216-247. DOI: 10.1006/obhd.1999.2847.

[93] FORBES D P. Are some entrepreneurs more overconfident than others?[J/OL]. Journal of Business Venturing, 2005, 20（5）: 623-640. DOI: 10.1016/j.jbusvent.2004.05.001.

[94] SVENSON O. Are we all less risky and more skillful than our fellow drivers?[J/OL]. Acta Psychologica, 1981, 47（2）: 143-148. DOI: 10.1016/0001-6918（81）90005-6.

[95] MOORE D A, HEALY P J. The trouble with overconfidence.[J/OL]. Psychological Review, 2008, 115（2）: 502-517. DOI: 10.1037/0033-295X.115.2.502.

[96] JAIN K, MUKHERJEE K, BEARDEN J N, et al. Unpacking the Future: A Nudge Toward Wider Subjective Confidence Intervals[J/OL]. Management Science, 2013, 59（9）: 1970-1987. DOI: 10.1287/mnsc.1120.1696.

[97] 张征争, 黄登仕. 不同风险偏好的过度自信代理人薪酬合同设计 [J]. 管理工程学报, 2009, 23（2）: 104-110.

[98] HOOSHANGI S, LOEWENSTEIN G. The Impact of Idea Generation and Potential Appropriation on Entrepreneurship: An Experimental Study[J/OL]. Management Science, 2018, 64（1）: 64-82. DOI: 10.1287/mnsc.2016.2566.

[99] SIMON M, HOUGHTON S M. THE RELATIONSHIP BETWEEN OVERCONFIDENCE AND THE INTRODUCTION OF RISKY PRODUCTS: EVIDENCE FROM A FIELD STUDY.[J/OL]. Academy of Management Journal, 2003, 46（2）: 139-149. DOI: 10.2307/30040610.

[100] CHEN G, CROSSLAND C, LUO S. Making the same mistake all over again: CEO overconfidence and corporate resistance to corrective feedback: CEO Overconfidence and Resistance to Feedback[J/OL]. Strategic Management Journal, 2015, 36（10）: 1513-1535. DOI: 10.1002/smj.2291.

[101] BAO H X H, LI S H. OVERCONFIDENCE AND REAL ESTATE RESEARCH: A SURVEY OF THE LITERATURE[J/OL]. The Singapore Economic Review, 2016, 61（4）: 1650015. DOI: 10.1142/S0217590816500156.

[102] HO P H, HUANG C W, LIN C Y, et al. CEO overconfidence and financial crisis: Evidence from bank lending and leverage[J/OL]. Journal of Financial Economics, 2016, 120（1）: 194-209. DOI: 10.1016/j.jfineco.2015.04.007.

[103] TUCHMAN B W. The march of folly: From Troy to Vietnam[M]. Random House, 2011.

[104] VAN WESEP E D. The Quality of Expertise[J/OL]. Management Science, 2016, 62（10）:

2937–2951. DOI：10.1287/mnsc.2015.2271.

[105] 陈其安. 基于过度自信的行为企业理论研究 [M]. 北京：中国财政经济出版社，2009.

[106] QIAO L, ADEGBITE E, NGUYEN T H. Chief financial officer overconfidence and stock price crash risk[J/OL]. International Review of Financial Analysis，2022，84：102364. DOI：10.1016/j.irfa.2022.102364.

[107] ZHANG X, LIANG J, HE F. Private information advantage or overconfidence? Performance of intraday arbitrage speculators in the Chinese stock market[J/OL]. Pacific-Basin Finance Journal，2019，58：101215. DOI：10.1016/j.pacfin.2019.101215.

[108] KILLINS R, NGO T, WANG H. Goodwill impairment and CEO overconfidence[J/OL]. Journal of Behavioral and Experimental Finance，2021，29：100459. DOI：10.1016/j.jbef.2021.100459.

[109] CHEN Y, OFOSU E, VEERARAGHAVAN M, et al. Does CEO overconfidence affect workplace safety?[J/OL]. Journal of Corporate Finance，2023，82：102430. DOI：10.1016/j.jcorpfin.2023.102430.

[110] HATOUM K, MOUSSU C, GILLET R. CEO overconfidence：Towards a new measure[J/OL]. International Review of Financial Analysis，2022，84：102367. DOI：10.1016/j.irfa.2022.102367.

[111] 陈凤，吴俊杰. 管理者过度自信、董事会结构与企业投融资风险——基于上市公司的经验证据 [J]. 中国软科学，2014（6）：109-116.

[112] HRIBAR P, YANG H. CEO Overconfidence and Management Forecasting[J/OL]. Contemporary Accounting Research，2016，33（1）：204-227. DOI：10.1111/1911-3846.12144.

[113] AHMED A S, DUELLMAN S. Managerial Overconfidence and Accounting Conservatism[J/OL]. Journal of Accounting Research，2013，51（1）：1-30. DOI：10.1111/j.1475-679X.2012.00467.x.

[114] SAFI A, YI X, WAHAB S, et al. CEO overconfidence, firm-specific factors, and systemic risk：evidence from China[J/OL]. Risk Management，2021，23（1-2）：30-47. DOI：10.1057/s41283-021-00066-7.

[115] CHEN X, WANG Z, DENG S, et al. Risk measure optimization：Perceived risk and overconfidence of structured product investors[J/OL]. Journal of Industrial & Management Optimization，2019，13（5）：1473-1492. DOI：10.3934/jimo.2018105.

[116] FANG Y, HASAN I, LIN C Y, et al. The impact of overconfident customers on supplier firm risks[J/OL]. Journal of Economic Behavior & Organization, 2022, 197: 115-133. DOI: 10.1016/j.jebo.2022.01.005.

[117] 徐朝辉, 周宗放. 管理者过度自信对企业信用风险的影响机制 [J/OL]. 科研管理, 2016, 37（9）: 136-144. DOI: 10.19571/j.cnki.1000-2995.2016.09.015.

[118] NOSIĆ A, WEBER M. How Riskily Do I Invest? The Role of Risk Attitudes, Risk Perceptions, and Overconfidence[J/OL]. Decision Analysis, 2010, 7（3）: 282-301. DOI: 10.1287/deca.1100.0178.

[119] 赵惠良, 江红莉, 吴有华. 基于过度自信的基金经理激励研究 [J/OL]. 统计与决策, 2010（8）: 142-144. DOI: 10.13546/j.cnki.tjyjc.2010.08.052.

[120] KIM J B, WANG Z, ZHANG L. CEO Overconfidence and Stock Price Crash Risk[J/OL]. Contemporary Accounting Research, 2016, 33（4）: 1720-1749. DOI: 10.1111/1911-3846.12217.

[121] ADAM T R, FERNANDO C S, GOLUBEVA E. Managerial overconfidence and corporate risk management[J/OL]. Journal of Banking & Finance, 2015, 60: 195-208. DOI: 10.1016/j.jbankfin.2015.07.013.

[122] SEO K, SHARMA A. CEO Overconfidence and the Effects of Equity-Based Compensation on Strategic Risk-Taking in the U.S. Restaurant Industry[J/OL]. Journal of Hospitality & Tourism Research, 2018, 42（2）: 224-259. DOI: 10.1177/1096348014561026.

[123] 王铁男, 王宇, 赵凤. 环境因素、CEO 过度自信与 IT 投资绩效 [J/OL]. 管理世界, 2017（9）: 116-128. DOI: 10.19744/j.cnki.11-1235/f.2017.09.010.

[124] 王铁男, 王宇. 信息技术投资、CEO 过度自信与公司绩效 [J/OL]. 管理评论, 2017, 29（1）: 70-81. DOI: 10.14120/j.cnki.cn11-5057/f.2017.01.008.

[125] 易靖韬, 张修平, 王化成. 企业异质性、高管过度自信与企业创新绩效 [J]. 南开管理评论, 2015, 18（6）: 101-112.

[126] ROBINSON A T, MARINO L D. Overconfidence and risk perceptions: do they really matter for venture creation decisions?[J/OL]. International Entrepreneurship and Management Journal, 2015, 11（1）: 149-168. DOI: 10.1007/s11365-013-0277-0.

[127] DENG L, LI Y, WANG S, et al. The impact of blockchain on optimal incentive contracts for online supply chain finance[J/OL]. Environmental Science and Pollution Research, 2022, 30（5）: 12466-12494. DOI: 10.1007/s11356-022-22498-8.

[128] 高尚, 高文棋, 周晶, 等. 考虑承包商过度自信和时间价值的激励契约研究 [J/OL]. 管理工程学报, 2023, 37（2）: 108-118. DOI: 10.13587/j.cnki.jieem.2023.02.011.

[129] 孔祥印, 刘书琪, 沈晓蓓, 等. 代理人过度自信条件下最优激励契约与备货联合决策研究 [J]. 系统工程理论与实践, 2022, 42（1）: 123-137.

[130] 刘新民, 孙向彦, 吴士健, 等. 双向委托情景下双重过度自信融资平台多任务动态激励契约设计 [J/OL]. 管理工程学报, 2023, 37（2）: 119-130. DOI: 10.13587/j.cnki.jieem.2023.02.012.

[131] GERVAIS S, HEATON J B, ODEAN T. Overconfidence, Compensation Contracts, and Capital Budgeting[J/OL]. The Journal of Finance, 2011, 66（5）: 1735-1777. DOI: 10.1111/j.1540-6261.2011.01686.x.

[132] 陈克贵, 宋学锋, 王新宇, 等. 非对称过度自信水平下的激励机制研究 [J]. 系统工程理论与实践, 2015, 35（7）: 1887-1895.

[133] 浦徐进, 诸葛瑞杰. 过度自信和公平关切对装备制造业供应链联合研发绩效的影响 [J/OL]. 管理工程学报, 2017, 31（1）: 10-15. DOI: 10.13587/j.cnki.jieem.2017.01.002.

[134] HUMPHERY-JENNER M, LISIC L L, NANDA V, et al. Executive overconfidence and compensation structure[J/OL]. Journal of Financial Economics, 2016, 119（3）: 533-558. DOI: 10.1016/j.jfineco.2016.01.022.

[135] ADEBAMBO B N, YAN X（Sterling）. Investor Overconfidence, Firm Valuation, and Corporate Decisions[J/OL]. Management Science, 2018, 64（11）: 5349-5369. DOI: 10.1287/mnsc.2017.2806.

[136] MALMENDIER U, TATE G. Behavioral CEOs: The Role of Managerial Overconfidence[J/OL]. Journal of Economic Perspectives, 2015, 29（4）: 37-60. DOI: 10.1257/jep.29.4.37.

[137] 张明, 蓝海林, 曾萍. 管理者过度自信: 研究述评与展望 [J/OL]. 外国经济与管理, 2019, 41（2）: 17-29+138. DOI: 10.16538/j.cnki.fem.2019.02.002.

[138] 李云鹤, 李湛. 自由现金流代理成本假说还是过度自信假说？——中国上市公司投资——现金流敏感性的实证研究 [J/OL]. 管理工程学报, 2011, 25（3）: 155-161. DOI: 10.13587/j.cnki.jieem.2011.03.023.

[139] 王山慧, 王宗军, 田原. 管理者过度自信、自由现金流与上市公司多元化 [J/OL]. 管理工程学报, 2015, 29（2）: 103-111. DOI: 10.13587/j.cnki.jieem.2015.02.011.

[140] 葛菲, 田启涛, 贺小刚. 产权性质和制度质量调节作用下的 CEO 过度自信与企业国际扩张研究 [J]. 管理学报, 2020, 17（7）: 1007-1015.

[141] MALMENDIER U, TATE G. Who makes acquisitions? CEO overconfidence and the market's reaction[J/OL]. Journal of Financial Economics, 2008, 89（1）: 20-43. DOI: 10.1016/j.jfineco.2007.07.002.

[142] HIRSHLEIFER D, LOW A, TEOH S H. Are Overconfident CEOs Better Innovators?[J/OL]. The Journal of Finance, 2012, 67（4）: 1457-1498. DOI: 10.1111/j.1540-6261.2012.01753.x.

[143] LIN Y hsiang, HU S yang, CHEN M shen. Managerial optimism and corporate investment: Some empirical evidence from Taiwan[J/OL]. Pacific-Basin Finance Journal, 2005, 13(5): 523-546. DOI: 10.1016/j.pacfin.2004.12.003.

[144] 周杰, 薛有志. 治理主体干预对公司多元化战略的影响路径——基于管理者过度自信的间接效应检验[J]. 南开管理评论, 2011, 14（1）: 65-74+106.

[145] 肖峰雷, 李延喜, 栾庆伟. 管理者过度自信与公司财务决策实证研究[J/OL]. 科研管理, 2011, 32（8）: 151-160. DOI: 10.19571/j.cnki.1000-2995.2011.08.020.

[146] 胡国柳, 曹丰. 高管过度自信程度、自由现金流与过度投资[J]. 预测, 2013, 32（6）: 29-34.

[147] 张明, 陈伟宏, 蓝海林, 等. 管理者过度自信与公司避税行为研究[J]. 管理学报, 2020, 17（9）: 1298-1307.

[148] HAYWARD M L A, HAMBRICK D C. Explaining the Premiums Paid for Large Acquisitions: Evidence of CEO Hubris[J/OL]. Administrative Science Quarterly, 1997, 42（1）: 103. DOI: 10.2307/2393810.

[149] 姜付秀, 张敏, 陆正飞, 等. 管理者过度自信、企业扩张与财务困境[J]. 经济研究, 2009, 44（1）: 131-143.

[150] 梁上坤. 管理者过度自信、债务约束与成本粘性[J]. 南开管理评论, 2015, 18（3）: 122-131.

[151] 辛冲, 陈海峰, 陈新, 等. 领导者过度自信与新产品开发绩效: 资源投入视角[J]. 管理科学, 2020, 33（3）: 16-26.

[152] 海本禄, 高庆祝, 尹西明, 等. 高管过度自信、研发投入跳跃与企业绩效——来自中国上市公司的经验证据[J]. 科技进步与对策, 2020, 37（12）: 136-145.

[153] BUSENITZ L W, BARNEY J B. Differences between entrepreneurs and managers in large organizations: Biases and heuristics in strategic decision-making[J/OL]. Journal of Business Venturing, 1997, 12（1）: 9-30. DOI: 10.1016/S0883-9026（96）00003-1.

[154] BRENNER L A, KOEHLER D J, LIBERMAN V, et al. Overconfidence in Probability and Frequency Judgments: A Critical Examination[J/OL]. Organizational Behavior and Human Decision Processes, 1996, 65（3）: 212-219. DOI: 10.1006/obhd.1996.0021.

[155] KEH H T, DER FOO M, LIM B C. Opportunity Evaluation under Risky Conditions: The Cognitive Processes of Entrepreneurs[J/OL]. Entrepreneurship Theory and Practice, 2002, 27（2）: 125-148. DOI: 10.1111/1540-8520.00003.

[156] 余明桂, 夏新平, 邹振松. 管理者过度自信与企业激进负债行为[J/OL]. 管理世界, 2006（8）: 104-112+125+172. DOI: 10.19744/j.cnki.11-1235/f.2006.08.012.

[157] 徐飞, 朱晓艳, 葛靖梓. 有为高管、过度自信CEO与股价崩盘风险——合谋观与制衡观[J]. 管理科学, 2022, 35（2）: 147-160.

[158] LUHMANN N. Risk: a sociological theory[M]. New York: Routledge, 2002.

[159] AVEN T, RENN O. The Role of Quantitative Risk Assessments for Characterizing Risk and Uncertainty and Delineating Appropriate Risk Management Options, with Special Emphasis on Terrorism Risk[J/OL]. Risk Analysis, 2009, 29（4）: 587-600. DOI: 10.1111/j.1539-6924.2008.01175.x.

[160] RENN O. Risk governance: towards an integrative approach[R]. International Risk Governance Council（IRGC）, 2009.

[161] 王周伟. 风险管理[M]. 北京: 机械工业出版社, 2017.

[162] 金太军, 赵军锋. 风险社会的治理之道[M]. 北京: 北京大学出版社, 2018.

[163] RENN O, KLINKE A, VAN ASSELT M. Coping with Complexity, Uncertainty and Ambiguity in Risk Governance: A Synthesis[J/OL]. AMBIO, 2011, 40（2）: 231-246. DOI: 10.1007/s13280-010-0134-0.

[164] SRA. Glossary Society for Risk Analysis[EB/OL]//SRA.（2015）. https://www.sra.org/resources/.

[165] BOHOLM Å, CORVELLEC H, KARLSSON M. The practice of risk governance: lessons from the field[J/OL]. Journal of Risk Research, 2012, 15（1）: 1-20. DOI: 10.1080/13669877.2011.587886.

[166] DUPIRE M, SLAGMULDER R. Risk governance of financial institutions: The effect of ownership structure and board independence[J/OL]. Finance Research Letters, 2019, 28: 227-237. DOI: 10.1016/j.frl.2018.05.001.

[167] AVEN T, RENN O. Some foundational issues related to risk governance and different

types of risks[J/OL]. Journal of Risk Research, 2020, 23（9）: 1121-1134. DOI: 10.1080/13669877.2019.1569099.

[168] VALLASCAS F, MOLLAH S, KEASEY K. Does the impact of board independence on large bank risks change after the global financial crisis?[J/OL]. Journal of Corporate Finance, 2017, 44: 149-166. DOI: 10.1016/j.jcorpfin.2017.03.011.

[169] BATTAGLIA F, GALLO A. Strong boards, ownership concentration and EU banks' systemic risk-taking: Evidence from the financial crisis[J/OL]. Journal of International Financial Markets, Institutions and Money, 2017, 46: 128-146. DOI: 10.1016/j.intfin.2016.08.002.

[170] MAGEE S, SCHILLING C, SHEEDY E A. The Effect of Risk Governance in the Insurance Sector During the Financial Crisis – Empirical Evidence from an International Sample[J/OL]. SSRN Electronic Journal, 2014[2023-07-22]. https://www.ssrn.com/abstract=2482168. DOI: 10.2139/ssrn.2482168.

[171] UMAR U H, ABDUH M, BESAR M H A. Standalone risk management committee, risk governance diversity and Islamic bank risk-taking[J/OL]. Risk Management, 2023, 25（3）: 17. DOI: 10.1057/s41283-023-00123-3.

[172] ZHANG X, LI F, XU Y, et al. Economic uncertainty and bank risk: the moderating role of risk governance[J/OL]. Economic Research-Ekonomska Istraživanja, 2022, 35（1）: 1639-1657. DOI: 10.1080/1331677X.2021.1985568.

[173] ALAM E, RAY-BENNETT N S. Disaster risk governance for district-level landslide risk management in Bangladesh[J/OL]. International Journal of Disaster Risk Reduction, 2021, 59: 102220. DOI: 10.1016/j.ijdrr.2021.102220.

[174] ABID A, GULL A A, HUSSAIN N, et al. Risk governance and bank risk-taking behavior: Evidence from Asian banks[J/OL]. Journal of International Financial Markets, Institutions and Money, 2021, 75: 101466. DOI: 10.1016/j.intfin.2021.101466.

[175] AVEN T, RENN O. On the Risk Management and Risk Governance of Petroleum Operations in the Barents Sea Area: Petroleum Operations in the Barents Sea Area[J/OL]. Risk Analysis, 2012, 32（9）: 1561-1575. DOI: 10.1111/j.1539-6924.2011.01777.x.

[176] VAN DER VEGT R G. Risk Assessment and Risk Governance of Liquefied Natural Gas Development in Gladstone, Australia: Risk Assessment and Risk Governance of LNG Development[J/OL]. Risk Analysis, 2018, 38（9）: 1830-1846. DOI: 10.1111/risa.12977.

[177] SANDERSON J. Risk, uncertainty and governance in megaprojects: A critical discussion of alternative explanations[J/OL]. International Journal of Project Management, 2012, 30 (4): 432-443. DOI: 10.1016/j.ijproman.2011.11.002.

[178] 杨其静. 从完全合同理论到不完全合同理论[J]. 教学与研究, 2003 (7): 27-33.

[179] LAFFONT J J, MARTIMORT D. The Theory of Incentives: The Principal-Agent Model[M/OL]. Princeton University Press, 2002[2023-07-22]. https://www.degruyter.com/document/doi/10.1515/9781400829453/html. DOI: 10.1515/9781400829453.

[180] 张维迎. 博弈论与信息经济学[M]. 上海: 格致出版社, 2012.

[181] 威廉姆森. 资本主义经济制度——论企业签约与市场签约[M]. 北京: 商务印书馆, 2002.

[182] 陈洪转, 黄鑫, 王伟明. 考虑成本共担的复杂产品零部件协同创新Stackelberg优化研究[J/OL]. 中国管理科学, 2022, 30 (7): 69-76. DOI: 10.16381/j.cnki.issn1003-207x.2019.1774.

[183] 郑月龙, 周立新, 王琳. 政府补贴下复杂产品共性技术协同研发的信号博弈[J]. 系统管理学报, 2020, 29 (1): 185-191.

[184] ZHOU J, ZHU J, WANG H. Strategic Cooperation with Differential Suppliers' Ability under Downstream Competition in Complex Products Systems[J/OL]. Journal of Systems Science and Systems Engineering, 2019, 28 (4): 449-477. DOI: 10.1007/s11518-019-5422-z.

[185] CHANG F, ZHOU G, ZHANG C, et al. A maintenance decision-making oriented collaborative cross-organization knowledge sharing blockchain network for complex multi-component systems[J/OL]. Journal of Cleaner Production, 2021, 282: 124541. DOI: 10.1016/j.jclepro.2020.124541.

[186] KURT LEWIN. Principles of topological psychology[M]. Eastford: Martino Fine Books, 2015.

[187] MORENO, J. L. Who shall survive? Foundations of sociometry, group psychotherapy and socio-drama[M]. Oxford, England: Beacon House, 1953.

[188] WATANABE N M, KIM J, PARK J. Social network analysis and domestic and international retailers: An investigation of social media networks of cosmetic brands[J/OL]. Journal of Retailing and Consumer Services, 2021, 58: 102301. DOI: 10.1016/j.jretconser.2020.102301.

[189] WADOOD S A, CHATHA K A, JAJJA M S S, et al. Social network governance and social sustainability-related knowledge acquisition: the contingent role of network structure[J/OL]. International Journal of Operations & Production Management, 2022, 42(6): 745-772. DOI: 10.1108/IJOPM-08-2021-0543.

[190] KIM H, PILNY A. The Use of Enterprise Social Media and Its Disparate Effects on the Social Connectivity of Globally Dispersed Workers[J/OL]. International Journal of Business Communication, 2023, 60(2): 420-438. DOI: 10.1177/2329488419877233.

[191] HE P, BAI X, CAO D, et al. The Network Structures and Characteristics of Global Hubs of STI in Big Data Analysis and Mining Technology[J/OL]. Science, Technology and Society, 2023, 28(2): 257-277. DOI: 10.1177/09717218231161202.

[192] LI W, YUAN J, JI C, et al. Agent-Based Simulation Model for Investigating the Evolution of Social Risk in Infrastructure Projects in China: A Social Network Perspective[J/OL]. Sustainable Cities and Society, 2021, 73: 103112. DOI: 10.1016/j.scs.2021.103112.

[193] CHINOWSKY P, DIEKMANN J, GALOTTI V. Social Network Model of Construction[J/OL]. Journal of Construction Engineering and Management, 2008, 134(10): 804-812. DOI: 10.1061/(ASCE)0733-9364(2008)134:10(804).

[194] CHINOWSKY P S, DIEKMANN J, O'BRIEN J. Project Organizations as Social Networks[J/OL]. Journal of Construction Engineering and Management, 2010, 136(4): 452-458. DOI: 10.1061/(ASCE)CO.1943-7862.0000161.

[195] DOGAN S Z, ARDITI D, GUNHAN S, et al. Assessing Coordination Performance Based on Centrality in an E-mail Communication Network[J/OL]. Journal of Management in Engineering, 2015, 31(3): 04014047. DOI: 10.1061/(ASCE)ME.1943-5479.0000255.

[196] SOSA M E, EPPINGER S D, ROWLES C M. The Misalignment of Product Architecture and Organizational Structure in Complex Product Development[J]. Management Science, 2004, 50(12): 1674-1689.

[197] SOSA M E, EPPINGER S D, ROWLES C M. A Network Approach to Define Modularity of Components in Complex Products[J/OL]. Journal of Mechanical Design, 2007, 129(11): 1118-1129. DOI: 10.1115/1.2771182.

[198] GOKPINAR B, HOPP W J, IRAVANI S M R. The Impact of Misalignment of Organizational Structure and Product Architecture on Quality in Complex Product

Development[J/OL]. Management Science, 2010, 56（3）: 468-484. DOI: 10.1287/mnsc.1090.1117.

[199] LIU L, HAN C, XU W. Evolutionary analysis of the collaboration networks within National Quality Award Projects of China[J/OL]. International Journal of Project Management, 2015, 33（3）: 599-609. DOI: 10.1016/j.ijproman.2014.11.003.

[200] HOSSAIN L, WU A. Communications network centrality correlates to organisational coordination[J/OL]. International Journal of Project Management, 2009, 27（8）: 795-811. DOI: 10.1016/j.ijproman.2009.02.003.

[201] SON J, ROJAS E M. Evolution of Collaboration in Temporary Project Teams: An Agent-Based Modeling and Simulation Approach[J/OL]. Journal of Construction Engineering and Management, 2011, 137（8）: 619-628. DOI: 10.1061/（ASCE）CO.1943-7862.0000331.

[202] 李永奎, 乐云, 何清华, 等. 基于 SNA 的复杂项目组织权力量化及实证[J]. 系统工程理论与实践, 2012, 32（2）: 312-318.

[203] XIA X, XIANG P. Dynamic network analysis of stakeholder-associated social risks of megaprojects: a case study in China[J/OL]. Engineering, Construction and Architectural Management, 2022[2023-07-23]. https://www.emerald.com/insight/content/doi/10.1108/ECAM-02-2022-0161/full/html. DOI: 10.1108/ECAM-02-2022-0161.

[204] BRASS D J. New Developments in Social Network Analysis[J/OL]. Annual Review of Organizational Psychology and Organizational Behavior, 2022, 9（1）: 225-246. DOI: 10.1146/annurev-orgpsych-012420-090628.

[205] MASHAYEKHI M, HEAD M. Developing social capital through professionally oriented social network sites[J/OL]. Information & Management, 2022, 59（6）: 103664. DOI: 10.1016/j.im.2022.103664.

[206] PÉREZ-FERNÁNDEZ H, CACCIOTTI G, MARTÍN-CRUZ N, et al. Are interactions between need for achievement and social networks the driving force behind entrepreneurial Intention? A trait activation story[J/OL]. Journal of Business Research, 2022, 149: 65-76. DOI: 10.1016/j.jbusres.2022.04.046.

[207] PIÑEIRO-CHOUSA J, LÓPEZ-CABARCOS M Á, CABY J, et al. The influence of investor sentiment on the green bond market[J/OL]. Technological Forecasting and Social Change, 2021, 162: 120351. DOI: 10.1016/j.techfore.2020.120351.

[208] 白居,李永奎,卢昱杰,等.基于改进 CBR 的重大基础设施工程高层管理团队构建方法及验证[J].系统管理学报,2016,25(2):272-281.

[209] 张亚莉,杨朝君.多组织研发项目风险管理的模式分析及知识复用研究[J/OL].工程管理学报,2015,29(3):100-104.DOI:10.13991/j.cnki.jem.2015.03.018.

[210] 卢艳秋,宋昶,王向阳.战略导向与组织结构交互的动态能力演化——基于海尔集团的案例研究[J/OL].管理评论,2021,33(9):340-352.DOI:10.14120/j.cnki.cn11-5057/f.2021.09.030.

[211] 冉龙,黄纯.创新协同、创新网络与自组织演化:复杂产品系统创新体系研究综述[J/OL].学术论坛,2012,35(8):199-204.DOI:10.16524/j.45-1002.2012.08.046.

[212] KASH D E, RYCROFT R. Emerging patterns of complex technological innovation[J/OL]. Technological Forecasting and Social Change, 2002, 69(6): 581-606. DOI: 10.1016/S0040-1625(01)00171-8.

[213] DAVIES A, BRADY T. Organisational capabilities and learning in complex product systems: towards repeatable solutions[J/OL]. Research Policy, 2000, 29(7-8): 931-953. DOI: 10.1016/S0048-7333(00)00113-X.

[214] DENG, XQ, WU, H, SONG, Q. Research on the organization of R&D of complex products and systems[C]//2nd International Conference on Research and Practical Issues of Enterprise Information Systems. Beijing, 2008: 391-398.

[215] 邹树梁,吕玉航,陈甲华.复杂产品系统创新组织模式探析[J].技术与创新管理,2009,30(3):324-327.

[216] 杨瑾.复杂产品制造业集群供应链系统组织模式研究[J/OL].科研管理,2011,32(1):153-160.DOI:10.19571/j.cnki.1000-2995.2011.01.020.

[217] KAN S, LV W, GUO F. Dynamic learning super network modeling of a complex product system based on multi-organization cooperation[J/OL]. Modern Physics Letters B, 2018, 32(31): 1850375. DOI: 10.1142/S021798491850375X.

[218] FIORETTI G, NEUMANN M. Hierarchy and diffusion of organizational forms[J/OL]. Frontiers in Psychology, 2022, 13: 932273. DOI: 10.3389/fpsyg.2022.932273.

[219] LIU L, ZHANG C. Organizational Structure Change and Hybridity: Enhancing Uncertainty as a Response to Competing and Changing Institutional Logics[J/OL]. Frontiers in Psychology, 2022, 13: 854319. DOI: 10.3389/fpsyg.2022.854319.

[220] AMATI V, LOMI A, MASCIA D, et al. The Co-evolution of Organizational and Network

Structure: The Role of Multilevel Mixing and Closure Mechanisms[J/OL]. Organizational Research Methods, 2021, 24（2）: 285-318. DOI: 10.1177/1094428119857469.

[221] 苏钟海, 魏江, 胡国栋. 企业战略更新与组织结构变革协同演化机理研究[J]. 南开管理评论, 2023, 26（2）: 61-72.

[222] VITHAYATHIL J, CHOUDHARY V. Organizational Structure for the IT Department: Profit Center or Cost Center?[J/OL]. Information Systems Frontiers, 2022, 24（6）: 2053-2076. DOI: 10.1007/s10796-021-10214-9.

[223] 苏屹, 李忠婷, 李丹. 区域创新系统组织结构演化研究[J/OL]. 科学管理研究, 2019, 37（2）: 74-77. DOI: 10.19445/j.cnki.15-1103/g3.2019.02.017.

[224] YU J, DING M, WANG Q, et al. Community Sports Organization Development From a Social Network Evolution Perspective—— Structures, Stages, and Stimulus[J/OL]. IEEE Transactions on Computational Social Systems, 2023, 10（3）: 878-889. DOI: 10.1109/TCSS.2021.3135809.

[225] YANG L, LOU J, ZHOU J, et al. Complex network-based research on organization collaboration and cooperation governance responding to COVID-19[J/OL]. Engineering, Construction and Architectural Management, 2022[2023-07-26]. https://www.emerald.com/insight/content/doi/10.1108/ECAM-08-2021-0731/full/html. DOI: 10.1108/ECAM-08-2021-0731.

[226] 欧阳桃花, 曾德麟. 拨云见日——揭示中国盾构机技术赶超的艰辛与辉煌[J]. 管理世界, 2021, 37（8）: 194-207.

[227] 李永奎, 乐云, 张艳, 等. "政府-市场"二元作用下的我国重大工程组织模式: 基于实践的理论构建[J]. 系统管理学报, 2018, 27（1）: 147-156.

[228] 臧祺超, 曹洲涛, 陈春花. 团队社会网络的研究热点与前沿的可视化分析[J]. 科学学与科学技术管理, 2020, 41（5）: 54-68.

[229] FLYVBJERG B. From Nobel Prize to Project Management: Getting Risks Right[J/OL]. Project Management Journal, 2006, 37（3）: 5-15. DOI: 10.1177/875697280603700302.

[230] TAYLOR S E, BROWN J D. Illusion and well-being: A social psychological perspective on mental health.[J/OL]. Psychological Bulletin, 1988, 103（2）: 193-210. DOI: 10.1037/0033-2909.103.2.193.

[231] FISCHHOFF B, SLOVIC P, LICHTENSTEIN S. Knowing with certainty: The appropriateness of extreme confidence.[J/OL]. Journal of Experimental Psychology: Human

Perception and Performance, 1977, 3（4）: 552-564. DOI: 10.1037/0096-1523.3.4.552.

[232] KIDD J B. The utilization of subjective probabilities in production planning[J/OL]. Acta Psychologica, 1970, 34: 338-347. DOI: 10.1016/0001-6918（70）90029-6.

[233] OSKAMP S. Overconfidence in case-study judgments.[J/OL]. Journal of Consulting Psychology, 1965, 29（3）: 261-265. DOI: 10.1037/h0022125.

[234] CHRISTENSEN-SZALANSKI J J J, BUSHYHEAD J B. Physicians' use of probabilistic information in a real clinical setting.[J/OL]. Journal of Experimental Psychology: Human Perception and Performance, 1981, 7（4）: 928-935. DOI: 10.1037/0096-1523.7.4.928.

[235] STAËL VON HOLSTEIN C A S. Probabilistic forecasting: An experiment related to the stock market[J/OL]. Organizational Behavior and Human Performance, 1972, 8（1）: 139-158. DOI: 10.1016/0030-5073（72）90041-4.

[236] 周国华, 张羽, 李延来, 等. 基于前景理论的施工安全管理行为演化博弈[J]. 系统管理学报, 2012, 21（4）: 501-509.

[237] 杨隽萍, 肖梦云, 于青青. 创业失败是否影响再创业的风险感知行为?——基于认知偏差的研究[J/OL]. 管理评论, 2020, 32（2）: 115-126. DOI: 10.14120/j.cnki.cn11-5057/f.2020.02.010.

[238] MONTIBELLER G, VON WINTERFELDT D. Cognitive and Motivational Biases in Decision and Risk Analysis: Biases in Decision and Risk Analysis[J/OL]. Risk Analysis, 2015, 35（7）: 1230-1251. DOI: 10.1111/risa.12360.

[239] BONINI N, PIGHIN S, RETTORE E, et al. Overconfident people are more exposed to "black swan" events: a case study of avalanche risk[J/OL]. Empirical Economics, 2019, 57（4）: 1443-1467. DOI: 10.1007/s00181-018-1489-5.

[240] WEINSTEIN N D. Unrealistic optimism about future life events.[J/OL]. Journal of Personality and Social Psychology, 1980, 39（5）: 806-820. DOI: 10.1037/0022-3514.39.5.806.

[241] LING L, ZHOU X, LIANG Q, et al. Political connections, overinvestments and firm performance: Evidence from Chinese listed real estate firms[J/OL]. Finance Research Letters, 2016, 18: 328-333. DOI: 10.1016/j.frl.2016.05.009.

[242] CRAMA P, DE REYCK B, TANERI N. Licensing Contracts: Control Rights, Options, and Timing[J/OL]. Management Science, 2017, 63（4）: 1131-1149. DOI: 10.1287/mnsc.2015.2386.

[243] HAMBRICK D C. Upper Echelons Theory: An Update[J/OL]. Academy of Management Review, 2007, 32（2）: 334-343. DOI: 10.5465/amr.2007.24345254.

[244] KIM H J, REINSCHMIDT K F. Effects of Contractors' Risk Attitude on Competition in Construction[J/OL]. Journal of Construction Engineering and Management, 2011, 137(4): 275-283. DOI: 10.1061/（ASCE）CO.1943-7862.0000284.

[245] LOOSEMORE M, RAFTERY J, REILLY C, 等. Risk Management in Projects[M/OL]. Routledge, 2012[2023-08-29]. https://www.taylorfrancis.com/books/9781134509225. DOI: 10.4324/9780203963708.

[246] 韩姣杰, 周国华, 李延来, 等. 有限理性条件下项目团队合作中多代理人行为演化[J]. 系统管理学报, 2011, 20（1）: 119-128.

[247] 吴晓波, 马如飞, 毛茜敏. 基于二次创新动态过程的组织学习模式演进——杭氧1996～2008纵向案例研究[J]. 管理世界, 2009, 25（2）: 152-164.

[248] 闫坤如. 人工智能设计的风险及其规避[J]. 理论探索, 2018（5）: 22-26.

[249] LIU J, XIE Q, XIA B, et al. Impact of Design Risk on the Performance of Design-Build Projects[J/OL]. Journal of Construction Engineering and Management, 2017, 143（6）: 04017010. DOI: 10.1061/（ASCE）CO.1943-7862.0001299.

[250] HULSEY A M, HORSPOOL N, GERSTENBERGER M C, et al. Considering uncertainty in the collapse fragility of New Zealand buildings for risk-targeted seismic design[J/OL]. Earthquake Engineering & Structural Dynamics, 2023: eqe.3916. DOI: 10.1002/eqe.3916.

[251] LI N, LI X, SHEN Y, et al. Risk assessment model based on multi-agent systems for complex product design[J/OL]. Information Systems Frontiers, 2015, 17（2）: 363-385. DOI: 10.1007/s10796-013-9452-7.

[252] XU Z, LI H. Assessing Performance Risk for Complex Product Development: A Simulation-Based Model[J/OL]. Quality and Reliability Engineering International, 2013, 29（2）: 267-275. DOI: 10.1002/qre.1376.

[253] ROMLI F I, CHEANG K H, CHEW J X, et al. Subsystems Change Ranking Methodology（SCRaM）for Complex Product Redesign Process[J/OL]. Advanced Materials Research, 2011, 308-310: 167-173. DOI: 10.4028/www.scientific.net/AMR.308-310.167.

[254] 韩姣杰, 魏杰. 项目复杂团队合作中利他偏好的生存和演化[J]. 管理科学学报, 2015, 18（11）: 35-46.

[255] BAKER G. Distortion and Risk in Optimal Incentive Contracts[J/OL]. The Journal of Human

Resources, 2002, 37 (4): 728. DOI: 10.2307/3069615.

[256] 柳瑞禹, 秦华. 基于公平偏好和长期绩效的委托代理问题研究 [J]. 系统工程理论与实践, 2015, 35 (10): 2708-2720.

[257] KRETSCHMER T, PURANAM P. Integration through Incentives within Differentiated Organizations[J]. Organization Science, 2008, 19 (6): 860-875.

[258] GERVAIS S, ODEAN T. Learning to Be Overconfident[J/OL]. Review of Financial Studies, 2001, 14 (1): 1-27. DOI: 10.1093/rfs/14.1.1.

[259] 姚迪, 詹伟. "一带一路" 国际工程承包项目外部风险关联网络分析 [J/OL]. 统计与决策, 2023, 39 (8): 178-182. DOI: 10.13546/j.cnki.tjyjc.2023.08.032.

[260] 张飞鹏, 徐一雄, 邹胜轩, 等. 基于 LGCNET 多层网络的中国 A 股上市公司系统性风险度量 [J/OL]. 中国管理科学, 2022, 30 (12): 13-25. DOI: 10.16381/j.cnki.issn1003-207x.2021.2666.

[261] MIZGIER K J. Global sensitivity analysis and aggregation of risk in multi-product supply chain networks[J/OL]. International Journal of Production Research, 2017, 55 (1): 130-144. DOI: 10.1080/00207543.2016.1198504.

[262] 马胜利, 姜博. 管理层过度自信对集群企业协同创新绩效的影响 [J/OL]. 企业经济, 2022, 41 (2): 57-68. DOI: 10.13529/j.cnki.enterprise.economy.2022.02.007.

[263] 吴彦莉, 胡劲松. 具过度自信零售商的双渠道供应链网络均衡研究 [J]. 运筹与管理, 2018, 27 (1): 96-102.

[264] DE LELLIS P, DI MEGLIO A, LO IUDICE F. Overconfident agents and evolving financial networks[J/OL]. Nonlinear Dynamics, 2018, 92 (1): 33-40. DOI: 10.1007/s11071-017-3780-y.

[265] 杨刚, 谢懿, 宋建敏. 网络能力、知识整合与商业模式创新: 创业者过度自信的调节作用 [J]. 科技进步与对策, 2020, 37 (15): 116-125.

[266] ZENOU Y. Networks in Economics[M/OL]//International Encyclopedia of the Social & Behavioral Sciences. Elsevier, 2015: 572-581[2022-07-23]. https://linkinghub.elsevier.com/retrieve/pii/B978008097086843117X. DOI: 10.1016/B978-0-08-097086-8.43117-X.

[267] ZHOU J, CHEN Y J. Targeted Information Release in Social Networks[J/OL]. Operations Research, 2016, 64 (3): 721-735. DOI: 10.1287/opre.2015.1431.

[268] CALVÓ-ARMENGOL A, PATACCHINI E, ZENOU Y. Peer Effects and Social Networks

in Education[J/OL]. Review of Economic Studies, 2009, 76（4）: 1239-1267. DOI: 10.1111/j.1467-937X.2009.00550.x.

[269] DE MARTÍ J, ZENOU Y. Network games with incomplete information[J/OL]. Journal of Mathematical Economics, 2015, 61: 221-240. DOI: 10.1016/j.jmateco.2015.10.002.

[270] JACKSON M O, ZENOU Y. Games on Networks[M/OL]//Handbook of Game Theory with Economic Applications: 卷 4. Elsevier, 2015: 95-163[2022-06-26]. https://linkinghub.elsevier.com/retrieve/pii/B9780444537669000033. DOI: 10.1016/B978-0-444-53766-9.00003-3.

[271] ZHOU J, CHEN Y J. Key leaders in social networks[J/OL]. Journal of Economic Theory, 2015, 157: 212-235. DOI: 10.1016/j.jet.2015.01.005.